ABI 2025

Auf einen Blick

W0382847

Deutsch

Niedersachsen

STARK

Bildnachweis
S. 16, rechts (Weidig): The History Collection/Alamy Stock Foto;
S. 18 (Horváth): ullstein bild;
S. 26 (Hauptmann): ullstein bild

Inhalt

Allgemeines

Was erwartet mich?

Die **Prüfungsthemen des Deutschabiturs in Niedersachsen** im Jahr **2025** reichen von Georg Büchners Drama *Woyzeck* und seiner Flugschrift *Der Hessische Landbote* über Ödön von Horváths Roman *Der ewige Spießer* und Gerhart Hauptmanns Novelle *Bahnwärter Thiel* bis zu dem Themenfeld „Sprache in politisch-gesellschaftlichen Verwendungszusammenhängen". Das vorliegende Büchlein hilft Ihnen dabei, bei diesen Themen den Überblick zu behalten. Im Inhaltsverzeichnis können Sie sehen, welche Abschnitte für das grundlegende Anforderungsniveau (gA) und welche für das erhöhte Anforderungsniveau (eA) relevant sind.

- Jede Doppelseite beginnt mit einem **Schaubild**, das ein schnelles Erfassen des Themas ermöglicht und seine zentralen Merkmale veranschaulicht. Durch die grafische Gestaltung werden Zusammenhänge auf einen Blick deutlich und sind leichter zu behalten.
- Das **Kästchen** neben den Grafiken vermittelt wissenswerte, interessante oder kuriose Zusatzinformationen zum Thema. Diese gehören sicher nicht zum Standardwissen, können aber dabei helfen, sich die abiturrelevanten Inhalte besser einzuprägen.
- Die Doppelseiten zu den **literarischen Werken** sind wie folgt aufgebaut:
  - Eine **Biografie** gibt zentrale Einblicke in die private und berufliche Welt des Autors.
  - Der Abschnitt **Inhalt** bietet eine knappe Zusammenfassung der Handlung des Werks.
  - Die Rubrik **Aufbau und Form** stellt u. a. die Struktur und die Sprache des Werks dar.
  - Unter den **Deutungsansätzen** werden die wichtigsten Lesarten erläutert.
- Das Thema **Sprache in politisch-gesellschaftlichen Verwendungszusammenhängen** wird auf mehreren Doppelseiten behandelt. Nach einem Kurzüberblick über kommunikationstheoretische Grundlagen werden zentrale Aspekte der politischen Kommunikation erklärt. Dann rücken der Medienwandel und seine Auswirkungen auf den politisch-gesellschaftlichen Diskurs in den Mittelpunkt. Abgeschlossen wird das Thema mit aktuellen Diskussionen um Sprachreglementierungen.
- Im Kapitel **Allgemeines** fasst eine **Mini-Literaturgeschichte** die zentralen Epochen vom Barock bis zur Gegenwart zusammen. Außerdem stellt eine Doppelseite die wichtigsten Merkmale verschiedener **Textsorten** bzw. Untergattungen dar. Eine **Stilmittel-Übersicht** mit gut zu merkenden Beispielen rundet das Grundwissenskapitel ab.

Der STARK Verlag wünscht Ihnen mit dem Buch viel Freude und für das Abitur viel Erfolg!

Das vorliegende Buch bezieht sich bei Seitenangaben auf die folgenden Textausgaben:
Georg Büchner: Lenz. Der Hessische Landbote. Durchges. Aufl. Stuttgart: Reclam 2002.
Gerhart Hauptmann: Bahnwärter Thiel. Stuttgart: Reclam 1998.
Ödön von Horváth: Der ewige Spießer. Stuttgart: Reclam 2023.

Auf einen Blick

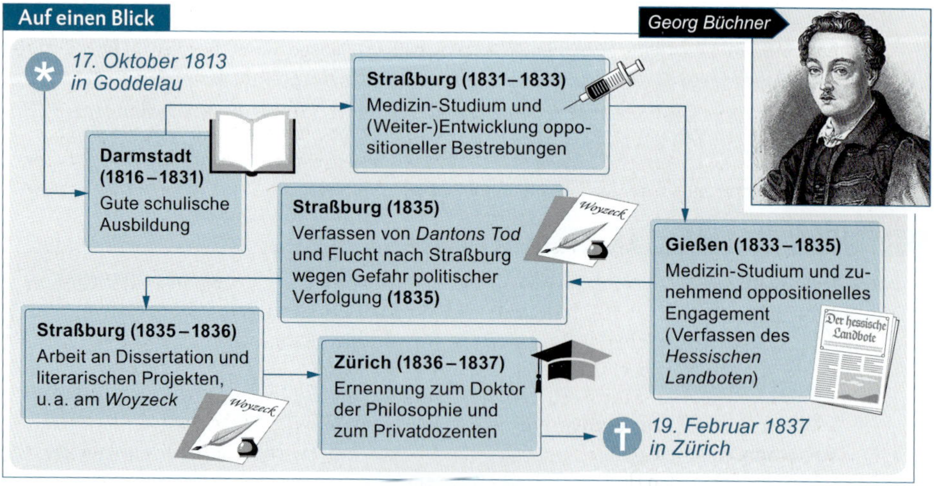

Kindheit und Jugend in Darmstadt (1813–1831)

- Geburt am 17. Oktober 1813 in Goddelau bei Darmstadt (Hessen) als erstes von sechs Kindern
- **Vater** Ernst Karl Büchner: **Arzt** (Chirurg); **Mutter** Louise Caroline Büchner
- 1816: Umsiedelung nach **Darmstadt** wegen neuer Stelle des Vaters
- Bildung des Kindes durch frühen **Privatunterricht** der Mutter → Lesen, Schreiben, Rechnen
- 1821–1825: Besuch der gut ausgestatteten „Privat-Erziehungs- und Unterrichts-Anstalt" → **umfassender Unterricht** – u. a. verschiedene Fremdsprachen und naturkundliche Fächer
- ab 1825: Besuch des angesehenen „Pädagogiums" (Ludwig-Georgs-Gymnasium) in Darmstadt → **breit gefächerte Ausbildung**, u. a. auch in Rhetorik und Alten Sprachen
- Beförderung des **Geschichtsinteresses** u. a. durch den Vater, der aus der Zeitschrift *Unsere Zeit* vorlas, in der die Ereignisse während der Napoleonischen Kriege geschildert werden
- Lesekreis mit Mitschülern (u. a. mit Karl Minnigerode): Begeisterung für Shakespeare
- auch ansonsten **Interesse für Werke der großen Autoren** (Homer, Sophokles, Goethe etc.)
- zweimaliges Halten einer Rede bei Semesterabschlussfeiern – u. a. Begeisterung für den freiheitsliebenden Cato, der sich selbst tötete, um sich nicht Cäsar unterordnen zu müssen
- gegen Ende der Schulzeit zunehmend **Sympathie für radikale Positionen**, wie sie in der **Französischen Revolution** vertreten wurden
- 1831: **Schulabschluss** (gutes Zeugnis z. B. in Deutsch und Latein, schlechtes Zeugnis in Mathe)

Studium in Straßburg (1831–1833)

- 1831: Beginn des **Studiums an der Medizinischen Fakultät** der **Universität Straßburg**
- Beginn der Liebe zu **Wilhelmine Jaeglé**, bei deren Vater Johann Jakob (Pfarrer) Büchner wohnt
- Lektüre sozialrevolutionärer Schriften – Entwicklung republikanisch-freiheitlicher Vorstellungen
- Dauergast bei Studentenverbindung „Eugenia": neben theologischen und studentischen auch politische Themen → Büchner mit **engagierten, obrigkeitskritischen Überzeugungen**
- Ende 1832: Verschlechterung der Stimmung bei Büchner wegen beengter Atmosphäre in Straßburg (im Vergleich zu Darmstadt)

- 1833: heimliche **Verlobung mit Wilhelmine Jaeglé**
- April 1833: Brief der Eltern über die Beteiligung einiger „Pädagogiums“-Schüler am umstürzlerischen **Frankfurter Wachensturm** → Büchners Versicherung, an solchen Aktionen nicht teilzunehmen – aber keine strikte Verurteilung von **Gewalt** als Mittel gesellschaftlicher Veränderung
- Sommer 1833: **Weggang aus Straßburg** → zunächst Aufenthalt in Darmstadt, wo einige seiner ehemaligen Mitschüler wegen des Verdachts, an politischen Unruhen beteiligt gewesen zu sein, verhaftet worden sind → u. a. Falschaussage Büchners, um einen von ihnen zu entlasten

Studium in Gießen (1833–1835)

- 1833: Fortsetzung des **Studiums an der Medizinischen Fakultät** der **Universität Gießen**
- 1834: Bekanntschaft mit dem Schulrektor und **Oppositionellen Dr. Friedrich Ludwig Weidig**
- Lektüre von **Werken** über die **Französische Revolution** → sogenannter „Fatalismus“-Brief an Wilhelmine, in dem Büchner einen „gräßlichen Fatalismus der Geschichte“ feststellt
- Gründung der geheimen **oppositionellen „Gesellschaft der Menschenrechte“** in Gießen
- Juli 1834: Druck der von Büchner verfassten und von Weidig entschärften Flugschrift *Der Hessische Landbote* → heftige Anklage der Obrigkeit wegen der gesellschaftlichen Ungerechtigkeiten → Parole: „Friede den Hütten! Krieg den Palästen!“
- Verhaftung Minnigerodes (Freund Büchners) wegen des Besitzes von 150 Kopien der Flugschrift
- **Durchsuchung der Wohnung und Vernehmung Büchners**
- Winter 1834/35: Aufenthalt in Darmstadt bei den Eltern → **Vorarbeiten** zu *Dantons Tod* (Buchrecherchen zur Französischen Revolution) → Januar/Februar 1835: **Niederschrift von *Dantons Tod*** unter dem Druck, das Werk schnell abzuschließen (wegen drohender Polizeiermittlung)
- März 1835: **Flucht nach Straßburg**, nachdem Büchner nicht persönlich bei einer gerichtlichen Vorladung erschienen war und fürchten musste, steckbrieflich gesucht zu werden
- vorzensierter **Vorabdruck** von *Dantons Tod* in der Zeitschrift *Phönix*

Straßburg und Zürich (1835–1837)

- viele Verhaftungen von Freunden und Verbündeten (u. a. Friedrich Weidig)
- Übersetzungen von Dramen Victor Hugos für den Verleger Sauerländer
- Veröffentlichung der Buchausgabe von *Dantons Tod* im Juli 1835
- Arbeit an der Erzählung *Lenz*
- Herbst/Winter 1835/36: Intensivierung der **Doktorarbeit** (nervliche Verbindungen bei Fischen)
- zweite Hälfte des Jahres 1836: **Arbeit an den Dramen *Woyzeck* und *Leonce und Lena***
- Promotion zum **Doktor der Philosophie** an der Universität Zürich, Umzug nach Zürich, Ernennung zum Privatdozenten – Beginn universitärer Lehre
- Tod nach schwerer Erkrankung an Typhus am 19. Februar 1837
- Drama *Woyzeck* erst 1879 veröffentlicht und 1913 im Residenztheater München uraufgeführt

Werkauswahl

- Drama ***Dantons Tod*** (verf. 1835): Darstellung des von konträren Weltbildern geprägten Konflikts über die Fortführung der Französischen Revolution am Schicksal des Politikers Danton
- Novelle/Erzählung ***Lenz*** (verf. 1835): Schilderung der zunehmenden geistigen Verwirrtheit des Schriftstellers Jakob Michael Reinhold Lenz
- Lustspiel ***Leonce und Lena*** (verf. 1836): verwickelte Liebesgeschichte zweier Königskinder als satirische Karikatur zeitgenössischer Kleinstaaten und humorvolle Distanzierung von der Romantik

Auf einen Blick

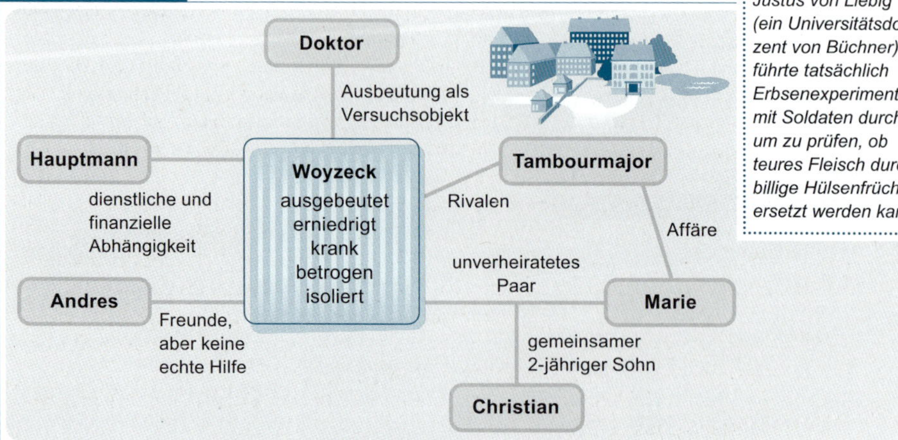

Justus von Liebig (ein Universitätsdozent von Büchner) führte tatsächlich Erbsenexperimente mit Soldaten durch, um zu prüfen, ob teures Fleisch durch billige Hülsenfrüchte ersetzt werden kann.

Woyzeck, Dramenfragment mit 27 Szenen

- **1. Szene, Freies Feld. Die Stadt in der Ferne:** einfache Soldaten Woyzeck und Andres beim Schneiden von Stöcken → Woyzecks **Wahnvorstellung**, dass sie sich an einer Hinrichtungsstätte der Freimaurer befänden und der Boden unter ihnen hohl sei; Wahrnehmung von Stimmen und Zeichen am Himmel
- **2. Szene, In der Stadt:** Tambourmajor mit Militärkapelle an Maries offenem Fenster vorbei: Marie mit ihrem kleinen Jungen auf dem Arm; Streit mit der Nachbarin Margareth wegen eines Flirts mit dem attraktiven Tambourmajor; Besuch von Woyzeck an Maries Fenster: Schilderung seiner Wahnvorstellungen, zunehmende Sorge Maries um Woyzeck
- **3. Szene, Buden. Lichter. Stadt:** Woyzeck und Marie auf dem Jahrmarkt; Vortrag des Ausrufers über Tiere mit magischen Fähigkeiten und über die fließende **Grenze zwischen Mensch und Tier** → Marie im Blickfeld des Tambourmajors, gelangt mithilfe des Unteroffizier zu Tambourmajor in die erste Reihe in der Jahrmarktsbude
- **4. Szene, Maries Kammer:** Selbstbetrachten Maries im Spiegel mit den neuen Ohrringen vom Tambourmajor → Beklagen der Ungleichheit der Menschen, Feststellen ihrer eigenen Schönheit; Eintreten Woyzecks, in dem beim Anblick der Ohrringe ein **Verdacht** aufkommt; Überreichen seines Wochenlohns, Anflug von schlechtem Gewissen bei Marie
- **5. Szene, Zimmer:** Rasieren des Hauptmanns als Woyzecks Nebenverdienst: Woyzeck vom Hauptmann zur Langsamkeit ermahnt; Woyzeck sei laut Hauptmann ein guter Mensch, ihm fehle aber Moral, was sein uneheliches Kind beweise → Woyzecks Rechtfertigung mit der Liebe Gottes für alle Menschen und mit der Unmöglichkeit, als armer Mensch **moralisch** und tugendhaft leben zu können
- **6. Szene, Gasse:** intensiver Flirt und Körperkontakt zwischen Tambourmajor und Marie
- **7. Szene, Gasse:** Konfrontation zwischen Marie und Woyzeck, der die Begegnung zwischen ihr und Tambourmajor beobachtet hat → Maries abwehrende und gleichgültige Reaktion
- **8. Szene, Labor des Doctors:** Ärger des Doctors, dass Woyzeck „an die Wand gepisst" hat, obwohl er im Rahmen einer bezahlten Erbsendiät Urinproben abgeben muss

→ Gedanken des Doctors über die **Dominanz der Willensfreiheit** des Menschen über die tierische Natur; Woyzecks Bericht über die „doppelte Natur" → begeisterter Doctor diagnostiziert eine durch das Experiment versursachte **Psychose**

- **9. Szene, Straße:** Klagen des Hauptmanns über Hektik und über seine **Melancholie** vor dem Doctor, der vernichtendes Urteil über den körperlichen Zustand und über die Lebenserwartung des Hauptmanns fällt; Erscheinen Woyzecks: Anspielungen des Hauptmanns auf die Affäre zwischen Marie und Tambourmajor → Woyzeck davon tief getroffen und verstört
- **10. Szene, Der Hof des Professors:** Woyzeck als **Anschauungsobjekt** in der Vorlesung eines Professors, der aus Erkenntnisinteresse Katze aus Fenster werfen will; Aufruf des Doctors an die Studenten, Woyzeck zu betrachten, der von vierteljähriger Erbsendiät **völlig entkräftet** ist
- **11. Szene, Wachstube:** Lärm von Musik und Tanz in der Nähe der Wachstube der Soldaten → Entschluss des misstrauischen Woyzeck, sich zu Menschenmenge zu begeben
- **12. Szene, Wirtshaus:** Marie und Tambourmajor beim gemeinsamen Tanz heimlich von Woyzeck beobachtet: **Wut** und **Eifersucht**, aber auch **Bewunderung** der Schönheit Maries; pseudophilosophische Predigt eines Handwerksburschen
- **13. Szene, Freies Feld:** Woyzeck vernimmt Stimmen im Boden und im Wind, die ihm befehlen, Marie zu erstechen
- **14. Szene, Zimmer in der Kaserne:** schlafloser Woyzeck weiterhin von Stimmen verfolgt
- **15. Szene, Wirtshaus: Protzerei** des Tambourmajors; Wortgefecht und Kampf zwischen Tambourmajor und Woyzeck → Niederlage Woyzecks, leise **Drohung**
- **16. Szene, Trödlerladen:** Kauf eines Messers durch Woyzeck
- **17. Szene, Maries Kammer:** Marie von **Schuldgefühlen** geplagt, aber außerstande und unwillig, ihr Verhalten zu ändern → Suche nach tröstlichen Geschichten in der Bibel; Klage über Woyzecks Fernbleiben
- **18. Szene, Kaserne:** Woyzeck verschenkt seine Habseligkeiten an Andres, zieht eine ernüchternde Lebensbilanz und ignoriert Andres' medizinischen Ratschlag
- **19. Szene, Vor der Haustür:** Großmutters **Anti-Märchen** über ein armes Waisenkind mit Marie und mehreren Kindern als Zuhörern; Woyzecks barsche Aufforderung an die zögerliche Marie, mit ihm nach draußen zu kommen
- **20. Szene, Freies Feld:** Wunsch der zunehmend verängstigten Marie, nach Hause zu gehen → Woyzeck ersticht Marie und flieht vor herannahenden Menschen in die Nacht
- **21. Szene, Freies Feld:** zwei Passanten als Zeugen des Mordes
- **22. Szene, Wirtshaus:** Unterhaltung des singenden und tanzenden Woyzeck mit Käthe, die aber Blutspuren an ihm entdeckt → Flucht Woyzecks vor misstrauischen Wirtshausgästen
- **23. Szene, Stadt:** Verbreitung der Nachricht unter zwei Kindern, dass die Leiche einer Frau gefunden wurde → Eilen vieler Schaulustiger zum Tatort
- **24. Szene, Freies Feld:** Rückkehr Woyzecks an den Tatort, um die zurückgelassene Tatwaffe zu suchen; spöttische Fragen an Maries Leiche → erneute Flucht vor herannahenden Menschen
- **25. Szene, Teich:** Versenken des Messers im Teich und Abwaschen der Blutflecken
- **26. Szene, Freies Feld:** Begutachtung von Maries Leiche durch eine vierköpfige Mordkommission: Freude über den „schönen" Mord
- **27. Szene, Stadt:** Woyzecks Versuch, seinen Sohn Christian zu liebkosen, der sich aber abwendet → Woyzeck bezahlt den Narren Karl dafür, seinen Sohn mitzunehmen und ihm einen Lebkuchen zu kaufen

Auf einen Blick

Der Georg-Büchner-Preis gilt heute als wichtigste Auszeichnung für deutschsprachige Literatur. Ob Büchner sich darüber freuen würde?

Aufbau und Form

- Dramenfragment *Woyzeck* als von Büchner nicht vollendetes Werk: **Szenenfolge nachträglich arrangiert** (anhand verschiedener Handschriften), keine Gliederung in Akte
- **Kürze** der Szenen = komprimierte, skizzenhafte Momentaufnahmen → **Aneinanderreihung** von Bildern
- Szenen werden ab 12. Szene kürzer, als Woyzeck Marie beim Tanzen sieht und Mordplan fasst → Handlung nimmt an **Geschwindigkeit** zu, unvermeidbares Zulaufen auf die Katastrophe
- **Zeitstruktur:** Handlung dauert ca. **48 Stunden** → äußerst gedrängte Zeitstruktur – auch aufgrund der **Simultaneität** einiger Szenen
- **Raumstruktur:** Stadt in Hessen (Dialekt!); Räume als wichtige **Bedeutungsträger:**
  - **Räume der Enge: Maries Kammer** → bedrückende Existenz, nur Kurzbesuche durch Woyzeck; Fenster als willkommene Verbindung zur Außenwelt; **Woyzecks Kaserne** → Halluzinationen, Schlaflosigkeit, Unruhe: notwendige Flucht nach draußen
  - **Räume der Öffentlichkeit:** Jahrmarkt, Gasse, Wirtshaus, freies Feld → für Marie Orte der **Freiheit** und des Vergnügens, aber auch ihres Todes → für Woyzeck Orte der **Demütigung** und **Verlorenheit**

  → Spiegelung der jeweiligen Befindlichkeit der Figur durch Räume (trotz beinahe vollständigem **Fehlen von Regieanweisungen** zum Aussehen der Schauplätze)
- *Woyzeck* galt lange Zeit als **Musterbeispiel eines offenen Dramas:** revolutionäre Aufhebung der Einheit von Ort, Zeit und Handlung (und von Stand und Sprache) → **Gegenargumente:**
  - stimmiges Gesamtgeschehen: Handlung um Woyzecks zunehmende Psychose im Zusammenspiel mit der Affäre zwischen Marie und Tambourmajor als sich **steigerndes Element**
  - **Verklammerung** der Szenen durch Motive (z. B. „Messer“ und „schneiden“, „heiß“ und „kalt“, Farben Schwarz und Rot) → bedrohliche **Atmosphäre**, **Vorausdeutung** auf Ende

Sprache und Stil

- Zweiteilung des sprachlichen Codes in *Woyzeck* → **schichtenspezifische Sprache**
- Sprache der **Funktionsträger der gesellschaftlichen Ordnung** (Hauptmann, Doctor):
  - Benennung durch Beruf bzw. Rang: keine echten Figuren, eher **Typen**
  - Sprache als Mittel zur **Ausübung von Herrschaft** und zur Zementierung des Status quo: Lenken des Gesprächs, Erteilen von Befehlen (direktive Sprechakte), **Selbstdarstellung** (Melancholie des Hauptmanns, wissenschaftlicher Ruhm des Doctors)
  - **Hauptmann:** Hochwertbegriffe (z. B. „moralisch") als Worthülsen für eine konfuse Argumentation, die **Gutmütigkeit** vortäuscht, aber Herablassungen und **Schadenfreude** enthält
  - **Doctor:** medizinisch-philosophische Fachbegriffe (im Dienste des vermeintlichen Erkenntnisgewinns) als rhetorischer Deckmantel für **zynische Menschenverachtung** und Degradierung des Menschen zum Versuchs- und Anschauungsobjekt
  - **Vortragscharakter** ihrer Äußerungen → Ungleichgewicht der Sprechanteile

  → keine kommunikative Hinwendung zu Mitmenschen (nur Er-Anrede an Woyzeck!), **keine Anteilnahme**, Festhalten am **Jargon**
- **Sprache der armen, einfachen Leute** als Opfer der gesellschaftlichen Verhältnisse:
  - Benennung durch echte Namen: Woyzeck, Marie, Andres etc. → Individuen, **Charaktere**
  - Sprache als **Ausdruck ihrer Notlage:** knapp, direkt, umgangssprachlich
  - Ellipsen, Satzabbrüche, Interjektionen → **Authentizität**, **Ehrlichkeit** der Figuren, Ausdruck ihrer **Unbeholfenheit** und Not
  - **Dialoge:** aneinander vorbeireden statt aufeinander eingehen → **sprachliche Isolation**
  - **Woyzeck: biblisch-apokalyptische Wendungen** als Hilfe, um seine psychotischen Erfahrungen mitteilbar zu machen; oftmals grüblerisch-doppeldeutige Sprache → dennoch Fähigkeit zur klaren Formulierung (z. B. zum Verhältnis von Geld und Moral)
  - **Marie: dinghaft-konkrete Sprache** als Mittel, ihre Lage zu beschreiben („ich bin nur ein arm Weibsbild."), ihr Begehren auszudrücken („Rühr mich an!") oder Unangenehmes zu leugnen („Und wenn auch.") → Ausdruck ihrer Sehnsucht nach besserem Leben
  - **Bibelstellen, Volkslieder, Märchen:** da Ausdrucksvermögen der Figuren ungenügend, Rückgriff auf vorgeformte sprachliche Versatzstücke (die als Trost und als Sinnangebote gedacht sind) → in *Woyzeck* Betonung des pessimistischen Weltbildes (z. B. Anti-Märchen der Großmutter) oder Vorausdeutungen auf tragische Ereignisse (z. B. Märchen-Zitate des Narren)
- weitere Figuren: aufdringliche Sprache des **Ausrufers** (auf Sensationsbedürfnis des Publikums gerichtet), derb-anzügliche Sprache des **Tambourmajors** (zur Protzerei und Triebbefriedigung)

Gattungsbestimmung und Epochenzugehörigkeit

- **Tragödie/bürgerliches Trauerspiel:** zwingendes Zulaufen auf die Schlusskatastrophe, ABER: Verstoß gegen alle Standeskriterien, da sog. vierter Stand („Proletariat") im Personal des Dramas
- *Woyzeck* als erstes **„soziales Drama":** Konflikt bedingt durch soziale Umstände (Armut, Ausbeutung, Unterdrückung), Untergang eines chancenlosen „underdog"
- **Vormärz:** Abwenden vom Idealismus der Klassik und Romantik, Hinwenden zur Realität und zur sozialen Ungerechtigkeit (im Naturalismus *Woyzeck* als Vorläufer interpretiert: soziales Elend, Determination; im Expressionismus sensibler und wahnsinniger Woyzeck als Schlüsselfigur)
- Wegbereiter der **Moderne:** Büchners psychologisches Interesse für Elend und Entfremdung, für Krisen der Identität; Innovativität der Sprache und der Dramenkonzeption von *Woyzeck*

Auf einen Blick

Eine Kulturzeitschrift bezeichnete Georg Büchner 2013 – in Abgrenzung vom Dichterfürsten Goethe – als „Dichter-Punk“.

Historisch-biografisch
- Debatte um Zurechnungsfähigkeit des historischen Woyzeck
- Büchners Erfahrungen mit Unterdrückung

Philosophisch
- Kritik an lebensferner Moral und am Idealismus
- Determinismus und Materialismus

keine Allgemeingültigkeit nur eines Deutungsansatzes, sondern immer Zusammenspiel mehrerer Lesarten

Psychologisch
- Erniedrigung, Ausbeutung, Überlastung, Isolation
- Woyzecks Krankheit als Folge: Psychose

Soziologisch
- kein gesellschaftlicher Zusammenhalt
- keine Hilfe der Starken für die Schwachen
- soziale Ungerechtigkeit und ihre Folgen

Historisch-biografische Lesart

- **historischer Johann Christian Woyzeck** (gelernter Perückenmacher, dann Soldat und Gelegenheitsarbeiter ohne festen Wohnsitz): Ermordung seiner Geliebten Johanna Christiane Woost 1821, Enthauptung auf **Leipziger Marktplatz 1824 → Diskussion über die Zurechnungsfähigkeit von Mördern**
- Büchners Lektüre der strittigen psychiatrischen Gutachten von Dr. Clarus über Woyzeck → Drama *Woyzeck* als sein Beitrag zur zeitgenössischen Debatte
- Büchners Interesse für politische Verhältnisse und Engagement für gerechtere Gesellschaft: „Friede den Hütten, Krieg den Palästen!“ *(Hessischer Landbote)* → historischer Woyzeck als „willkommenes“ Beispiel für die Folgen der **Verarmung ganzer Bevölkerungsschichten** im frühen 19. Jahrhundert (sog. vorindustrieller Pauperismus)
- Büchners Erfahrungen in der Restaurationszeit als politisch Unterdrückter und Verfolgter: **fehlende Solidarität** der Höherstehenden mit den Schwächeren der Gesellschaft → keine Veränderungen oder gar Revolutionen möglich

Psychologische Lesart

- **Woyzecks Entwicklung** vom einfachen Soldaten und unverheirateten Familienvater zum Wahnsinnigen und Mörder
- keine Hochzeit mit Marie möglich, da er als Soldat das vorgeschriebene Vermögen nicht aufbringen kann → Beziehung zu Marie gesellschaftlich **geächtet**
- wegen finanzieller Verantwortung (für Marie und ihr gemeinsames Kind) **Nebentätigkeiten** notwendig: Rasieren des Hauptmanns, Versuchsobjekt bei Doctor, Assistent bei Professor → trotz **Hetze** und **Überbelastung:** keine Befreiung aus seiner kümmerlichen Lage
- krank durch **Ernährungsexperiment** des Doctors: physische (erhöhter Puls, Zittern, Schwindelanfälle, Kopfschmerzen, Haarausfall) und psychische Symptome (Hören von Stimmen, Weltuntergangsvisionen, Verfolgungswahn) → **schwere Psychose**
- **Beleidigungen** und **Erniedrigungen** durch Hauptmann: Vorwürfe wegen unehelichem Kind, spöttische Anspielungen auf Affäre zwischen Marie und Tambourmajor
- Tambourmajor als körperlich überlegener **Rivale:** Ausspannen der Geliebten, Hohn und **Gewalt**

- durch **Maries Betrug** Verlust seines wichtigsten Halts im Leben → **Leidensdruck** wird zu groß: endgültiges Abgleiten in den Wahn, Planen und Ausführen des Mordes
- Auslöser der Mordtat: Eifersucht und Betrug → tiefere Ursachen: **entwürdigende Lebensbedingungen** eines geschundenen, deformierten und isolierten Menschen

Philosophische Lesart

- Kritik an Theorie der **Evolution** und des Fortschritts der Zivilisation (Teleologie): Betonung der Nähe zwischen menschlichem und tierischem Verhalten („vernünftige Viehigkeit" – „viehische Vernunft") → **Blasiertheit** der Menschen bei offenkundig animalischem Verhalten
- Frage nach der Umsetzbarkeit von **Moral:** uneingeschränkte Gültigkeit für jeden Menschen (laut Hauptmann) oder Frage von Vermögen und Stellung (laut Woyzeck) → schichtenspezifische Gebundenheit von Werten
- **Determinismus:** Abhängigkeit menschlicher Handlungen von jeweiligen **Lebensumständen** → keine Möglichkeit für den Einzelnen (v. a. den Niedriggestellten), Lauf der Dinge oder eigenes Leben bewusst zu steuern oder sogar zu verbessern
- Kritik am **Idealismus:** Idee der Selbstbestimmung des Menschen → Wille und Vernunft sollen Gefühle, Bedürfnisse, Triebe beherrschen (mit überlieferter Moral als Leitfaden)
- Gefühl der moralisch-intellektuellen Überlegenheit der Idealisten (Hauptmann, Doctor): keine Akzeptanz anderer Einflüsse (Individualität, Sozialisation, Bildung, Besitz usw.) → Arroganz, Ignoranz und **Unmenschlichkeit**
- Betonung des **Materialismus:** nicht Denken und Handeln gestalten die Lebensbedingungen, sondern die Lebensbedingungen prägen das Denken und Handeln → gesellschaftliche Umstände und Besitzverhältnisse formen den Menschen

Soziologische Lesart

- Starke helfen Schwachen nicht, Starke verachten sich gegenseitig (Hauptmann vs. Doctor), Starke schließen im Zweifel Bündnis gegen Schwache, Schwache betrügen und ermorden sich gegenseitig → **Fehlen des gesellschaftlichen Zusammenhalts**
- kein Schutz durch Hauptmann (Woyzecks Vorgesetzter!): kein Gefühl von Verantwortung für seinen Untergebenen → stattdessen **Abgrenzung nach unten** zum Erhalt der eigenen Position
- Fortführen der Experimente trotz Woyzecks offensichtlicher Krankheit → **Missachten des hippokratischen Eides**, Degradierung des Menschen zum Versuchsobjekt
- Selbstcharakterisierung Woyzecks („Wir arme Leut"/„ich bin ein armer Kerl"): **Bewusstsein des eigenen sozialen Ortes** als bedrückende Erfahrung → aber keine Wut auf den verantwortlichen „Unterdrückungsapparat", sondern auf seine Freundin Marie
- soziale Unterschiede als reine **Äußerlichkeiten** (vgl. 3. Szene: Tiere als Menschen verkleidet): Ungerechtigkeit der gesellschaftlichen Realität, willkürliche Verteilung von Privilegien und Besitz
- dysfunktionale Kommunikation und Sprachlosigkeit: gleichzeitig Symptome und Konsequenzen der **sozialen Spaltung**
- Armut mit all ihren Folgen als „Gift" für zwischenmenschliche Beziehungen und Gesellschaft
- Büchner: „Ich verachte Niemanden, am wenigsten wegen seines Verstandes oder seiner Bildung, weil es in Niemandes Gewalt liegt, kein Dummkopf oder kein Verbrecher zu werden, – weil wir durch gleiche Umstände wohl Alle gleich würden, und weil die Umstände außer uns liegen."

Auf einen Blick

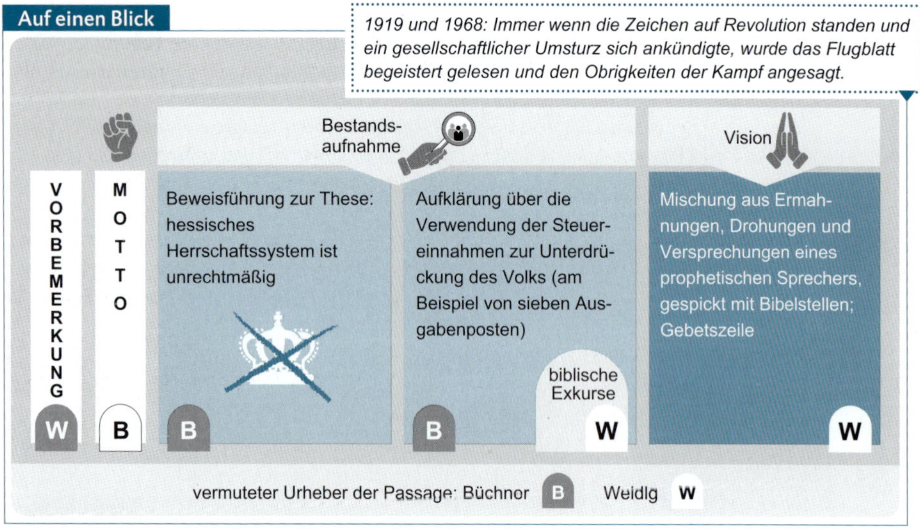

Vorbericht

- zeitliche und räumliche Verortung (Juli 1834, Darmstadt)
- Ankündigung, die **Wahrheit** bezüglich der Zustände im Großherzogtum Hessen aufzudecken
- Anweisungen zum vorsichtigen Umgang mit der brisanten Flugschrift und zum Verhalten bei Entdeckung
- **Motto:** „Friede den Hütten! Krieg den Palästen!" (S. 35)

1. Teil: Bestandsaufnahme

Grundsätzliche Kritik an Herrschaftsverhältnissen

- Grund für **kritikwürdige Situation** im Großherzogtum Hessen-Darmstadt: **Gegensätze** arm ↔ vornehm, Volk ↔ Regierung
- Bezug auf biblische **Schöpfungsgeschichte:** Gott schuf den Menschen als „Krone der Schöpfung"; der Mensch soll über die Erde und die anderen Lebewesen herrschen; jedoch keine Rede von Menschen, die andere Menschen beherrschen sollen → **alle Menschen gleichberechtigt**
- Blick auf die **reale Welt:** privilegierte Klasse ↔ von dieser ausgebeutete arbeitende Klasse → tatsächliche Verhältnisse stehen im **Gegensatz zur gottgewollten Ordnung**

Konkrete Analyse des Staatshaushalts

- Auflistung der **Staatseinnahmen** des Großherzogtums in der Finanzperiode 1830/32
- Herkunft und Verwendung der Gelder: **dem Volk abgepresst** zugunsten einer Minderheit
- Frage nach Definition des **Staats:** eigentlich **Gemeinwohl als oberster Zweck**, Allgemeingültigkeit der Gesetze ↔ Realität im Großherzogtum: Ausbeutung der Bevölkerung im Namen der Ordnung
- Mitglieder des **aufgeblähten Staatsapparats** als Profiteure der Ausbeutung des Volks
- Abgaben und **Steuern als Form des Diebstahls**, den Staat begeht → „Mästen" der Beamtenschaft

- sieben **Etatposten** als Beispiele für (unterdrückerische) Verwendung der Steuergelder:
  - „Ministerium des Innern und der Justiz": **Gesetze** als wüste Anhäufung überlieferter, unverständlicher Verordnungen = **Machtmittel der Besitzenden** und Gelehrten; Rechtsweg für einfachen Mann kaum bezahlbar
  - „Ministerium der Finanzen": **gemästete Steuerbürokratie** ↔ ausgebeutetes Volk
  - „Militär und Militäranstalten": **Soldaten durch Eid an Unterdrücker gebunden**; können gezwungen werden, auf revolutionäre Untertanen, also Ihresgleichen, zu schießen
  - „Pensionen": **Wohlleben der Staatsdiener im Ruhestand**
  - „Staatsministerium und Staatsrat": pauschaler Vorwurf der Schurkerei (**Intrigen, Korruption**)
  - „Großherzogliches Haus und Hofstaat": Demontage der majestätischen, „heiligen" Position des **Großherzogs** an der **Spitze des Systems der unmenschlichen Ausbeutung**, ABER ebenfalls nur ein sterblicher Mensch → Verehrung des Herrschers als Götzendienst
  - „Landstände": nach Revolution von 1830 Zugeständnisse der Herrscher in Form von **Verfassungen / Landtagen**, ABER in Wirklichkeit **Betrug** am Volk (hessische Verfassung als Negativbeispiel: Wahlrecht an Vermögen gebunden, unumschränkte Machtstellung des Großherzogs, Machtlosigkeit der Landstände)
- Fazit: **Verschwendung enormer Geldmengen ↔ geringer Nutzen für das Volk**

Exkurs: Gehorsam gegen Obrigkeit

- eigentlich von Bibel geforderte Unterordnung des Volks unter Regierung
- Weidig versucht, Widerspruch aufzulösen:
  - **Gehorsamspflicht nur gegenüber rechtmäßiger Obrigkeit**, aber herrschende Obrigkeit sei unrechtmäßig (da nicht vom Volk gewählt und somit gegen Gottes Willen)
  - **Mitschuld des Volks**, da es angemaßte Autorität akzeptiert und Götzendienst begeht

Exkurs: Französische Revolution

- Auflehnung des Volks gegen die überkommene Obrigkeit → König nur als erster Diener im Staat; Wille der Mehrheit sollte zählen
- **zu Recht Hinrichtung des Königs als Verräter**, da er gegen Verfassung und Volk gehandelt habe → Frankreich wurde Republik
- ABER: **Verrat des Volks an Freiheit** mit Rückkehr zu autokratischer Herrschaft mit Napoleon → Scheitern des Russlandfeldzugs und Rückkehr der Bourbonen als Strafe Gottes = **Warnung an Deutschland**

2. Teil: Vision

- **Erlösungsprophezeiung:** schlechte Herrschaft als Strafe Gottes, da Deutsche die Ideen der Freiheit und Gleichheit verraten und keine Gottesfurcht hätten (= Verquickung von Politik und Religion), ABER Erwartung einer **nahen goldenen Zukunft** („Reich der Gerechtigkeit")
- 5 Glaubensartikel für notwendige gottgefällige Haltung:
  - göttliche Attribute stehen keinem Menschen zu → **Absage an Gottesgnadentum**
  - **Freiheit und Gleichheit aller** Menschen als gottgewollt
  - nur **vom Volk gewählte Regierung** ist rechtmäßig
  - Erwartung eines **deutschen Einheitsstaats**
  - Glaube, dass **Gott das Unglück wenden** und sich des Volks bedienen werde
- Forderung, dass sich das ganze **deutsche Volk die Freiheit erringen** müsse
- **Aufruf, künftige Erhebung zu unterstützen**, die Tyrannen zu stürzen und der Freiheit zum Sieg zu verhelfen; Mahnung zu Wachsamkeit; Gebet

Auf einen Blick

1965 übersetzte Hans Magnus Enzensberger den „Landboten" ins Persische, sodass dessen revolutionäre Kraft auch in Entwicklungsländer auszustrahlen begann.

Ausgangslage im Herzogtum Hessen-Darmstadt

feudale Strukturen

reaktionärer Kurs: Unterdrückung liberaler und nationaler Bestrebungen

hohe Steuern

Massenarmut, Verelendung

Flugblatt „Der Hessische Landbote"

gemeinsame Autorschaft von Büchner und Theologe Weidig

Ziel Büchners: Aufhetzen des Volks zur Revolution

Motive Büchners:
- christliches Mitgefühl mit Armen
- Wunsch nach neuer Ordnung: Gleichheit und Gerechtigkeit
- Selbstinszenierung des Künstlers als Revolutionär

Folgen des Flugblatts

Denunziation
→ Verhaftungen, Verhöre

Bauern: beeindruckt von Flugblatt, aber keine Revolte

Flucht Büchners nach Straßburg: akademische Laufbahn, Tod (1837)

Suizid Weidigs nach zweijähriger Haft und Misshandlungen (1837)
→ Ende der Oppositionswelle

Politisch-sozialer Hintergrund

- **Großherzogtum Hessen-Darmstadt** um 1830: kaum industrialisiert, **bäuerlich geprägt**
- Staat des Deutschen Bunds: zwar seit 1821 Verfassung, aber kaum Rechte des Landtags; **Machtkonzentration bei Großherzog Ludwig II.**
- **verschwenderische und reaktionäre Politik** des Großherzogs: Forderung an den Staat, seine Privatschulden zu übernehmen; Unterdrückung liberaler und nationaler Tendenzen
- teilweise noch **feudal** geprägte Abhängigkeiten; zudem hohe **Steuerlast**; Verdrängung und Verschuldung der Kleinbauern aufgrund von Ausbreitung der Gutswirtschaft
- Verschärfung durch Missernten → **Massenarmut**, vorindustrieller Pauperismus
- hohe Auswanderungs- und Suizidrate
- 1833: **Niederschlagung des Sturms** republikanisch gesinnter Studenten auf die **Frankfurter Hauptwache** → Verstärkung der **Restauration** im Deutschen Bund

Autorschaft

- Zusammenarbeit zwischen dem **Medizinstudenten Georg Büchner** und dem Schulrektor und **Theologen Friedrich Ludwig Weidig** (Organisator des oberhessischen Widerstands)
- Beschäftigung mit Französischer Revolution; Diskussionen über frühsozialistische Schriften
- **unterschiedliche politische Einstellung** der beiden Autoren: radikale antibürgerliche Haltung Büchners ↔ liberale, patriotische Gesinnung Weidigs (für deutsche Wahlmonarchie) → starke Eingriffe Weidigs, von Büchner abgelehnt
- **Uneinheitlichkeit des Textes** bei Inhalt, Argumentation, sprachlich-stilistischer Gestaltung
- **anonyme** Veröffentlichung
- Notwendigkeit einer genauen philologischen Untersuchung, um Autorschaft der einzelnen Passagen zu bestimmen

Rezeption

- Sommer 1834: **Verteilung der gedruckten Exemplare** (Auflage: 1200–1500)
- Verbreitung der Flugschrift: in Fensterläden von Handwerkern gesteckt, in Häuser und Höfe von Bauern geworfen
- **Denunziant** aus dem Kreis um Weidig informiert Behörden → **Beschlagnahmung** einiger Exemplare → erste **Verhaftungen, Verhöre**
- **Wirkung umstritten:** nicht belegbare Aussage, dass Bauern die Flugschriften von sich aus bei Polizei abgeliefert hätten ↔ Berichte von beeindruckten Lesern
- Einschätzung des Flugblatts durch die **Behörden als revolutionär und Hochverrat**; Verurteilung des Missbrauchs der christlichen Botschaft für umstürzlerische Zwecke
- weiteres Schicksal der beiden Verfasser:
  - keine Resignation **Büchners**, sondern Ausweitung seiner politischen Agitation im Winter 1834/35, ABER verstärkte **Überwachung durch Polizei** → Frühjahr 1835: **Flucht** Büchners nach Straßburg → Konzentration auf **akademische Karriere** (Anstellung als Dozent in Zürich), **Tod** an Typhus (Februar 1837)
  - **Verhaftung Weidigs** und weiterer Mitstreiter → **zweijährige Untersuchungshaft**, physische und psychische Misshandlungen → **Selbstmord** Weidigs im Gefängnis (Februar 1837)
- Verbreitung des *Hessischen Landboten* als **Höhepunkt der republikanischen Oppositionswelle** in Hessen → Ende der Bewegung mit Verhaftung Weidigs und Flucht Büchners

Intention des Flugblatts

- **Motive** Büchners:
  - **frühkommunistische Ideen:** Wunsch nach Herbeiführung einer völligen Gleichstellung aller
  - **christlich fundiertes Mitgefühl** mit Armen und Ausgebeuteten
  - **künstlerische Selbstinszenierung:** Faszination für Rolle des Revolutionärs (Rückgriff auf literarische Motive, Wendungen) = Art von Revolutionsromantik
  - Aufbegehren eines Vertreters der **jungen Generation**
- Schrift zur **politischen Agitation:**
  - **Flugblätter als ideales Mittel**, um Volk zu erreichen und aus seiner Lethargie zu reißen → Bedeutung des **Titels: Kurier/Nachrichtenüberbringer** (= „Landbote“) für **Landbevölkerung**; Untertitel „Erste Botschaft“ → weitere Flugblätter geplant (aber nie realisiert)
  - **soziale Klage und Anklage**
  - Büchner sieht **„materielles Elend“** und **„religiösen Fanatismus“ als Hebel, um Volk aufzustacheln** (Brief von 1836 an Freund Karl Gutzkow)
  - Erkenntnis, dass **Umsturz nur durch Massenbewegung** erzielt werden kann
- Einsatz **manipulativer Techniken:**
  - **Einseitigkeit:** keine Antworten auf Frage, was Regierung kosten darf; Verschweigen der Tatsache, dass mit Steuern auch Infrastruktur, medizinische Versorgung, Bildung (Universität, Gymnasien) finanziert werden
  - **nur Bauern und Handwerker als „Volk“** angesprochen (Adressaten der Flugschrift) → Erwecken des falschen Eindrucks, nur sie würden Steuerlast tragen; Verzicht auf Differenzierung, um Stoßkraft zu erhöhen
  - **Schwarz-Weiß-Zeichnung** → Ziel: Aufhetzen der einfachen Bevölkerung und Mobilisierung zum Handeln

Auf einen Blick

Als Büchner zu einer Vernehmung vorgeladen wurde, schickte er an seiner Stelle seinen Bruder Wilhelm hin. Der Schwindel flog jedoch sofort auf, weil der Untersuchungsrichter die Familie kannte.

	BÜCHNER	WEIDIG
Sprache und Stil	Antithesen, drastische Bilder, Hyperbeln, Anleihen bei biblischer Sprache → Zuspitzung von Gegensätzen, Betonen der Ungerechtigkeit des Systems	Tendenz zu Breite und Redundanz, konventionelle Bilder und Vergleiche, Bibelzitate → moralisierender, predigthafter Ton: Ermahnungen, Belehrungen
Argumentation	• Bibel als Argument: alle gleichberechtigt • Geld als Argument: Steuerverschwendung	triadisches Geschichtsmodell: Rückkehr zu verlorenem, paradiesischem Urzustand angestrebt
Stoßrichtung	Aufruf zur Volkserhebung, Errichtung einer egalitären Ordnung	Vertrauen darauf, dass Gott sich bei Errichtung neuer Ordnung des Volks bedient; Festhalten an einer Obrigkeit

Bruch in Aufbau und Darstellung: Heterogenität des Flugblatts

Aufbau

- Titel, Ort und Datum
- Vorbericht und Motto
- **1. Teil: Bestandsaufnahme**
  - **zwei Drittel** der Flugschrift; Verfasser: überwiegend **Büchner**
  - zwei Argumentationsstränge: erst Bibel, dann Statistiken
  - Einfügen von zwei nicht in die Argumentationskette passenden Exkursen durch Weidig
- **2. Teil: Vision**
  - **ein Drittel** des Flugblatts; Verfasser: vorwiegend **Weidig**
  - theologisch begründete Verheißung einer gerechten Ordnung

Sprache und Stil

in Büchner zugeordneten Abschnitten

- **Motto:** eingedeutschte **Parole aus der Französischen Revolution**, Ausruf ohne Verb → Wirkung: militärischer Befehl; **doppelte Antithese:** Friede ↔ Krieg, Hütten ↔ Paläste = harte Gegensätze → unversöhnlich, bildhaft (Hütten und Paläste stehen für ihre Bewohner)
- zahlreiche **Antithesen**, z. B. Herr ↔ Knecht, Sonntag ↔ Werktag, Wohlleben ↔ Mühsal → **Verdeutlichung** durch Gegenüberstellung von Gegensätzen, **Vereinfachung**
- **starke Bildlichkeit:**
  - **Vieh- und Leidensmetaphern** zur Verdeutlichung der Mühsal des Volks (z. B. „Ackergäul[e] und Pflugstier[e]“, S. 37; „schwitzen, stöhnen und hungern“, S. 36)
  - bildhafte **Hyperbeln:** „Leib“ des Bauern „ist eine Schwiele“, „sein Schweiß“ dient Vornehmen als Salz (S. 36); „stattlich[e] Häuse[r]“ der Reichen gebaut „aus den Knochen des Volks“ (S. 42) → Zuspitzung: **Verwertung der Körper der kleinen Leute**, Sekrete der Armen (Schweiß und Tränen) als Nahrungs- bzw. Schönheitsmittel der Reichen
  - **drastische Metaphorik:** Steuern als „Blutzehnte[r]“ (S. 36), Staat als Blutegel

  - Annäherung an **biblische Sprache** (auch direkte Zitate)
  - Umdeutung der gängigen **Metapher vom Staatskörper:** Staat beutet Volkskörper aus (Bauern als Vieh und Rohstoff für Reiche); Degradierung des königlichen Repräsentativkörpers: Fürst auch nur gewöhnlicher Mensch → Wiederauferstehung des Volkskörpers angekündigt
- **Prinzip der Reihung:** Vorherrschen der Parataxe; zahlreiche Anaphern, Aufzählungen (z. B. der Räte mit „usw." → Eindruck eines massiv aufgeblähten Staatsapparats)
- **Frage- und Antwortprinzip** („Was sind unsere Wahlgesetze?", S. 45) → Hinterfragen der vermeintlichen Errungenschaften des Staats
- Einsatz genauen **statistischen Zahlenmaterials**

in Weidig zugeordneten Abschnitten

- Tendenz zur **Breite und Wiederholung**, Häufung von Bibelstellen (oft mit Stellenangabe)
- **moralisierender Gestus:** Tonfall eines **Predigers**, der Volk aufruft, sich vom Götzendienst abzuwenden; Verkünden einer Erlösungsbotschaft („Ich sage euch", S. 49); emphatische Anreden („geliebte Mitbürger", S. 47), Mahnungen, Gebetsschluss („Amen", S. 51)
- **konventionelle Bilder und überfrachtete Vergleiche** (vgl. S. 47: Österreich und Preußen als „Raubgeier" mit „Henkerskrallen")
- lange, oft wenig strukturierte Sätze

Argumentative Strategie

Büchner

- **moralische Rechtfertigung** des Umsturzes durch biblische Anspielungen = **Bibel als Argument**
  - biblische Darstellung von **Urzustand**, in dem **alle gleichberechtigt** sind ↔ von Ungleichheit bestimmte soziale Wirklichkeit; nach Überzeugung der damaligen Leserschaft Bibel nicht anzweifelbar → **Unrecht** muss **in gesellschaftlichen Zuständen** liegen
  - **Widerspruch** zur biblischen **Schöpfungsgeschichte:** zwei Arten von Menschen: „niedere" Menschen auf einer Stufe mit Tieren; nur privilegierte Klasse herrscht über die Welt
- **Aufklärung** durch statistische Daten = **Geld als Argument:** Bauern von materiellen Problemen belastet, deshalb keinen Sinn für politische und verfassungstechnische Fragen → **Aufzeigen von Steuerverschwendung**, um Bauern von der Notwendigkeit einer Revolution zu überzeugen

Weidig

geschichtsphilosophische Rechtfertigung durch **triadisches** (dreigliedriges) **Geschichtsmodell:**

1. **verlorener idealer Zustand im Mittelalter** (Freiheit und Gleichheit aller Deutschen unter einem gewählten Kaiser)
2. **Verrat der Fürsten am Kaiser** → Volk akzeptiert diese als Obrigkeit (= Götzendienst) → **Verfall** des Landes → **Notwendigkeit von Besinnung, Läuterung**
3. **Rückkehr zu ursprünglichem, heiligem Zustand**

Gesamtwirkung

- **Bruch in Aufbau und Stoßrichtung** des Flugblatts
  - **radikaler Beginn (Büchner):** scharf, dicht, kompromisslos, Aufruf zu Umsturz und Errichtung einer egalitären Gesellschaft = **sozialrevolutionärer Ansatz**
  - **obrigkeitshöriger Schluss (Weidig):** „gute" Obrigkeit als Garant für Gedeihen Deutschlands = Verharren des Volks in Unselbstständigkeit; Eintreten für konstitutionelle Monarchie
- ABER: vermutlich waren die von Weidig verfassten biblischen Passagen für den Adressatenkreis (Bauern, Handwerker) aussagekräftiger als die geschliffenen, radikalen Teile Büchners

Auf einen Blick

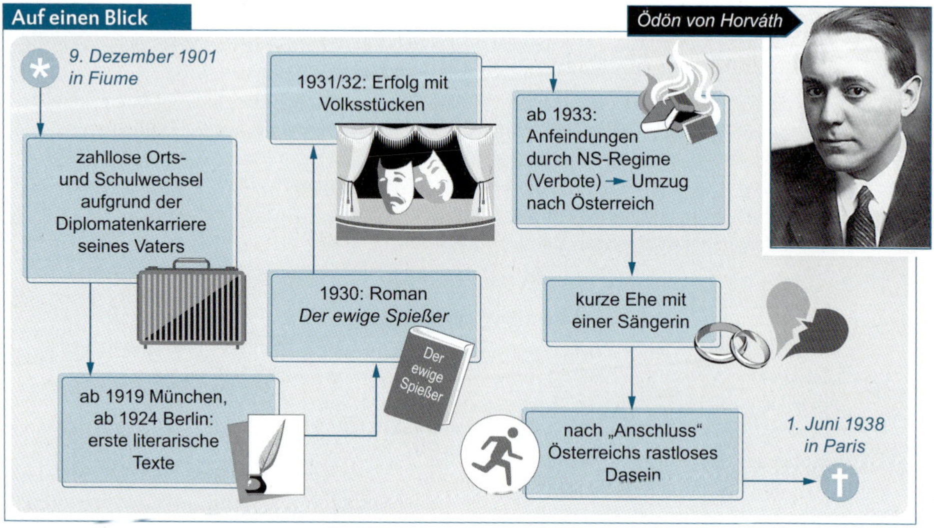

Kindheit und Jugend (1901–1919)

- Geburt am 9. Dezember 1901 in **Fiume** (heute Rijeka, Kroatien)
- **Vater** Dr. Ödön Josef von Horváth (1909 geadelt): **Diplomatenkarriere** → zahlreiche **Ortswechsel** der Familie
- 1903: Geburt des Bruders Lajos
- 1908: Ödön erhält in Budapest Privatunterricht, um öffentliche Schule besuchen zu können → 1909: Umzug der Eltern nach München, während Ödön in Budapest bleibt (Besuch des Erzbischöflichen Internats) → München → Pressburg (Bratislava) → Budapest
- Erlernen **zahlreicher Sprachen**
- kritische und **aufsässige Haltung** gegenüber Lehrern und Schule
- **Untergang der Donaumonarchie** Österreich-Ungarn nach Niederlage im Ersten Weltkrieg → kein Bedauern Horváths, der sich ohnehin als **heimatlos** empfindet
- 1919: in Obhut des Onkels Josef Prehnal; Ablegen des **Abiturs** in Wien

Beginn und Höhepunkt der Karriere (1919–1932)

- 1919: Horváth zieht zur Familie nach **München**
- 1919–1921: **Studium** von Psychologie, Theater-, Kunst-, Literaturwissenschaft an Ludwig-Maximilians-Universität (kein Abschluss)
- großer Einfluss des Literaturprofessors Artur Kutscher → vermutlich Bestärkung des Wunsches, Schriftsteller zu werden
- **erste literarische Versuche: Gedichte, Kurzgeschichten**, teilweise in Satire-Zeitschrift *Simplicissimus* veröffentlicht; 1920: Entstehen der Tanzpantomime *Das Buch der Tänze* → später Vernichtung von Texten aus dieser ersten Schaffensphase durch Horváth
- 1924: Übersiedelung nach **Berlin** (Zentrum der künstlerischen und literarischen Avantgarde), aber praktische literarische Arbeit meist im Haus der Eltern in **Murnau** (Oberbayern)
- **erste Aufführungen** seiner Stücke

- **Feindschaft rechter Kreise** aus mehreren Gründen:
  - Drama *Sladek, der schwarze Reichswehrmann* (1927) über Morde der illegalen „Schwarzen Reichswehr" = Anklage der rechtsextremen Umtriebe
  - Mitarbeit Horváths in „Liga für Menschenrechte"
  - Zeugenaussage vor Gericht über eine von der NSDAP provozierte Saalschlacht in Murnau
- 1930: Erscheinen des **Romans *Der ewige Spießer***
- 1931: Uraufführung der Dramen ***Italienische Nacht*** und ***Geschichten aus dem Wiener Wald*** in Berlin (Erneuerung der Gattung des **Volksstücks**) → großer **Erfolg** bei Publikum und Kritik
- 1931: Verleihung des **Kleist-Preises** auf Vorschlag von Carl Zuckmayer
- 1932: Dramen ***Kasimir und Karoline*** und ***Glaube Liebe Hoffnung***

NS-Herrschaft: Kampf ums Überleben (1933–1938)

- nach NS-Machtübernahme 1933: verstärkte **Angriffe von rechtsradikaler Seite**
  - Ächtung von Horváths Werken bei **Bücherverbrennung** und **Aufführungsverbot**
  - Durchsuchung des Hauses der Eltern in Murnau durch die SA

  → Übersiedeln Horváths nach **Österreich**, wo er in Wien bzw. in Henndorf bei Salzburg lebt
  - 1933: **Ehe** mit der jüdischen Sängerin Maria Elsner, ABER Geständnis der Frau, dass sie Horváth nur geheiratet habe, um die ungarische Staatsbürgerschaft zu erlangen, und anderen liebe → Ehekrise → 1934: **Scheidung**
- Stücke können nicht mehr in Deutschland, aber im weiteren deutschsprachigen Raum (Zürich, Prag, Wien) aufgeführt werden → **finanzielle Probleme** → Arbeit als **Drehbuchautor**
- 1934: Aufnahme in Reichsverband Deutscher Schriftsteller; vermutlich war Geldmangel der Grund für den **Versuch, sich mit dem NS-Regime zu arrangieren**
- 1936: **Entzug der Aufenthaltserlaubnis** in Deutschland
- 1937: **Roman *Jugend ohne Gott*** (in Amsterdam erschienen) → Erfolg, ABER auch Aufnahme in NS-Liste des „schädlichen und unerwünschten Schrifttums"
- 1938: Roman *Ein Kind unserer Zeit*
- „Anschluss" Österreichs ans Deutsche Reich (1938) → **rastloses Dasein**, u. a. Stationen in Budapest, Fiume, Prag, Mailand, Zürich, Amsterdam
- **1938: in Paris** Verhandlungen mit Regisseur über Verfilmung von *Jugend ohne Gott* → **Tod** am 1. Juni 1938: bei Gewitter von herabstürzendem Ast auf den Champs-Elysées **erschlagen** → Beerdigung auf Friedhof Saint-Ouen in Paris
- 1988: **Überführung** der Überreste nach **Wien** und Beisetzung in einem Ehrengrab

Werkauswahl

- Drama ***Geschichten aus dem Wiener Wald*** (1931): Die Kleinbürgerin Marianne scheitert bei dem Versuch, ihr Ideal einer Liebesbeziehung zu leben, kommt immer weiter herunter und muss zuletzt einen brutalen Metzger heiraten. Das Volksstück demaskiert die Hartherzigkeit und Gleichgültigkeit des Bürgertums, das sich nach außen den Anschein von Gemüt und Gefühl gibt.
- Drama ***Kasimir und Karoline*** (1932): Die Liebe eines jungen Paares wird Opfer der Weltwirtschaftskrise. Beim Besuch des Oktoberfestes eskalieren die Spannungen zwischen dem arbeitslosen Kasimir und seiner Freundin Karoline so sehr, dass sie sich trennen.
- Roman ***Jugend ohne Gott*** (1937): Ein junger Gymnasiallehrer erlebt, wie die Jugend in einer Diktatur verroht und moralisch verwahrlost. Ein Mord in seiner Klasse veranlasst ihn dazu, sein Mitläufertum aufzugeben und sich auf seine Ideale zu besinnen.

Auf einen Blick

Im Mittelalter waren Spießer die einfachen Bürger, die ihre Stadt mit dem Spieß verteidigten. Umstritten ist, warum sich die Bedeutung ins Negative verschoben hat: Weil diese Bürger rückständig auch dann noch an ihren hergebrachten Waffen festhielten, als schon Feuerwaffen zum Einsatz kamen? Oder weil sie als engstirnige Ordnungshüter galten?

1929

1 der windige Kaufmann **Alfons Kobler** auf der Suche nach seinem Vorteil

Reise nach Barcelona zur Weltausstellung

- Begegnungen, Unterhaltungen: vorurteilsgeladene, nationalistische Atmosphäre
- Scheitern des Versuchs, reiche Erbin zu heiraten
- keine persönliche Weiterentwicklung, Reifung

2 das Büromädchen **Anna Pollinger** beim sozialen Abstieg

- Arbeitslosigkeit, Abhängigkeit von Tante
- Rat, pragmatisch zu sein, d.h. sich zu prostituieren
- Sex mit Eishockeystar gegen Geld
  → innere Abstumpfung

3 der arbeitslose Kellner **Josef Reithofer** als selbstloser Helfer

- Bekanntschaft mit Anna, die er ins Kino einlädt
- Enttäuschung, als sie käufliche Liebe anbietet
- dennoch Vermittlung einer Stelle als Schneiderin
  → gelebte Solidarität

lose Verklammerung der Teile durch Figuren

1. Teil: Herr Kobler wird Paneuropäer

Kap. 1–7: Koblers Lebenssituation in München (1929)

- **erzwungene Selbstständigkeit:**
  - **Alfons Kobler** wegen Probefahrten mit Prostituierten aus Autohaus **entlassen** → selbstständiger **Autohändler**, der sich von wesentlich älterer Opernsängerin **aushalten lässt**
  - Kobler **betrügt** Käsehändler Portschinger, indem er ihm das altersschwache Kabriolett der Sängerin teuer verkauft → Unfall Portschingers mit kaputtem Auto
  - Bruch der Beziehung mit Sängerin, als Kobler sie um den Verkaufspreis prellt
- **Empfehlung, auf Reisen zu gehen:**
  - Graf Blanquez, verkrachte Existenz und Freund, rät Kobler, sich auf Reise **reiche Frau zu suchen**
  - Vermieterin, die Witwe Perzl (in finanziell angespannter Lage, mit nichtsnutzigem Sohn), rät Kobler, sich bei **Weltausstellung in Barcelona** für Kaufmannsberuf zu bilden
- **Reisevorbereitungen:**
  - im Reisebüro **Buchen von Zugtickets** nach Barcelona
  - Koblers vergebliche Versuche, in **Stammlokal** Bekannte mit Reiseplänen zu beeindrucken; nur **Büromädchen Anna Pollinger** hört zu
  - Exkurs über Leben Annas, die Freundlichkeiten mit sexuellen Gefälligkeiten bezahlen muss

Kap. 8–20: Fahrt nach Barcelona

- während Zugfahrten **Gespräche mit diversen Reisenden:** trotz Unwissenheit übergroßes Selbstbewusstsein, nationaler Dünkel, antisemitische Stereotype, **aggressive Grundhaltung**
- in **Italien** strenge und **absurde bürokratische Kontrolle** durch faschistische Polizei
- Bekanntschaft mit **Zeitungskorrespondenten Rudolf Schmitz** aus Wien:
  - philosophisch hochtrabende Vorträge über Zufall, Faschismus, Pädagogik

- gemeinsames Zechen in Mailand: Erinnerungen Koblers an gefallenen Bruder; wirre **Diskussion über Idee des Kriegs und die Vereinigten Staaten von Europa**
- Schmitz' kulturkritische Erkenntnis, dass abendländischer Wohlstand nur der Ausbeutung der kolonialisierten Völker zu verdanken sei
- **Besichtigung von Marseille:** Erkunden des heruntergekommenen **Bordellviertels**
- im Zug Bekanntschaft mit **Industriellentochter Rigmor** aus Köln → **Annäherungsversuche** der beiden Männer → Kobler setzt sich mit Erzählungen über pornografische Filme durch, nimmt **von Paneuropa-Idee Abstand**, um mit Rigmor übereinzustimmen

Kap. 21–26: Aufenthalt in Barcelona

- **Koblers Strategie:** mit Rigmor schlafen, um Heirat und Eintritt in väterliche Firma zu erzwingen
- gemeinsamer Besuch der **Weltausstellung** und eines **Stierkampfs:** zynische Beschreibung des grausamen Spektakels und der Begeisterung des Publikums
- nach **gemeinsamer Nacht: Rigmor** eröffnet Kobler, dass sie aus ökonomischen Motiven einen amerikanischen Millionär heiraten müsse, der dann auch eintrifft
- sofortige **Heimreise Koblers**, der fast sein ganzes Kapital aufgebraucht hat → aus Trotz gegenüber dem überlegenen Amerikaner erneutes Umschwenken auf Paneuropa-Idee

2. Teil: Fräulein Pollinger wird praktisch

- Liquidation der Autovermietung, in der Anna Pollinger beschäftigt ist → **Arbeitslosigkeit**
- **Lebensumstände Annas:** Waise; lebt bei Tante, die Antiquariat betreibt und Zimmer vermietet
- Zimmerherr **Kastner** belehrt Anna, dass sie praktischer werden müsse → **rät indirekt zur Prostitution**, vermittelt sie als **Modell an Künstler**, den Radierer Achner
- **Achner als Nonkonformist** und Buddhist, der Spießer und Stille hasst; ABER: insgeheime Sehnsucht nach spießigem Leben
- in Achners Atelier **Bekanntschaft Annas mit Eishockeystar** Harry Priegler → Ausflug in dessen Sportwagen zum Starnberger See
- Besuch eines teuren Restaurants in Feldafing: Harry will Zeit bis zur Dämmerung und seinem geplanten Verführungsversuch überbrücken → Erzählungen von seinen zahlreichen Affären
- **Harry will mit Anna schlafen**, obwohl sie ihn nicht anzieht → **sie verlangt** erstmals **Geld** dafür

3. Teil: Herr Reithofer wird selbstlos

- einige Wochen später: **Tante wirft Anna hinaus**, als sie erfährt, dass diese sich prostituiert; auch Kobler ignoriert sie
- Anna macht vor Arbeitsamt die **Bekanntschaft des arbeitslosen Kellners Josef Reithofer** aus Österreich → bittet ihn, sie ins **Kino** einzuladen, wo sie ein Drama aus Millionärskreisen sehen
- **Anna verlangt Geld für Liebesdienste** → er weist sie traurig zurück und fühlt sich ausgenutzt
- **Wanderung Reithofers durch die nächtliche Stadt**, Sehnsucht nach einer Familie; Einkehr in ein **Bierlokal: Gespräche mit Gästen**, darunter Witwe eines früheren Kollegen, die sich ebenfalls prostituiert
- älterer Stammgast spricht von Suche eines Kommerzienrates nach einer Schneiderin in Ulm
- **Reithofer will etwas Gutes tun**, bittet, Anna als Schneiderin zu empfehlen → Anruf des Gasts beim Kommerzienrat → promptes Angebot, dass Anna sich am nächsten Tag vorstellen soll
- Suche Reithofers nach Anna: **überbringt Jobangebot**, das sie für Scherz hält → als Reithofer für **menschliche Solidarität** plädiert, erkennt sie, dass er es ernst meint; Reithofer freut sich selbstironisch über seine Selbstlosigkeit

Auf einen Blick

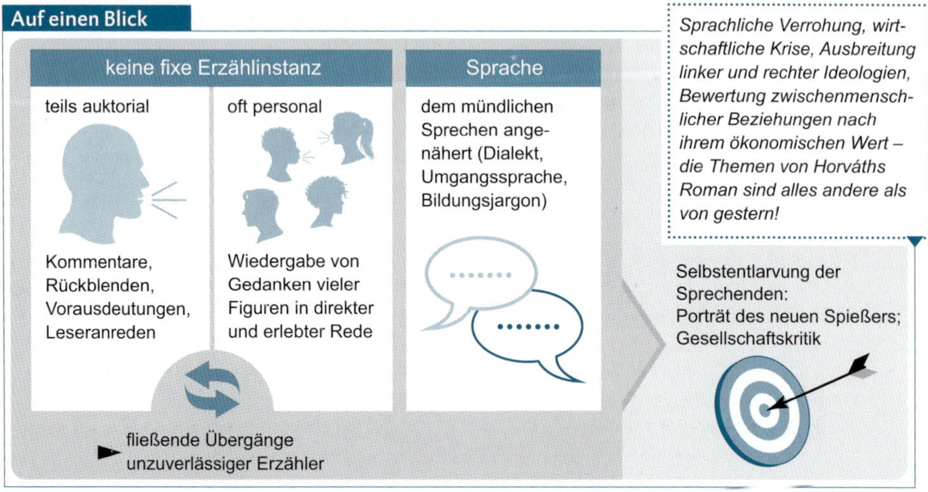

Aufbau und Struktur

Aufteilung des Romans in **drei ungleichgewichtige Teile**, die wiederum in **Einzelkapitel** untergliedert sind und jeweils **unterschiedliche Hauptfiguren** haben:

- **1. Teil:** am umfangreichsten; im Fokus: windiger **Hallodri Alfons Kobler**, der darauf aus ist, andere, v. a. Frauen, auszunutzen und zu betrügen
- **2. Teil: sozialer Abstieg von Anna Pollinger** zur Prostituierten; seelische Verhärtung; exemplarisches Offenlegen der Auswirkungen der wirtschaftlichen Misere in der Weimarer Republik
- **3. Teil:** mitmenschliche und **selbstlose Aktion des arbeitslosen Kellners Josef Reithofer**, versöhnliches Ende mit **Mini-Utopie** (zwischenmenschliche Solidarität)
- Teile **lose miteinander verknüpft** durch Figuren: Bekanntschaft von Kobler mit Anna; Hilfsaktion Reithofers für Anna
- jedem Teil ist **literarisches Motto** vorangestellt, das in ironischem Verhältnis zur Handlung steht

Erzählerische Gestaltung

- **keine fixe, gleichbleibende Erzählinstanz**
- gelegentliche Kommentare eines **auktorialen** Erzählers:
  - direkte Anrede des Lesers („du siehst die Alpen", S. 139)
  - Verfallen in Ton eines Märchenerzählers (vgl. S. 30 f.)
  - belehrendes Sprechen: „Doch lassen wir nun diese historisch-soziologischen Skizzen" (S. 17)
  - Rückblenden, exkursartige Erläuterungen der Hintergründe (zur Evolution, vgl. S. 74)
  - Vorausdeutungen („Aber das Schicksal wollte es nicht haben", S. 131)
- unmittelbarer **Übergang von Gedankenrede der Figuren zu Erzählerkommentar** → Eindruck eines **unzuverlässigen Erzählers** (oft unklar, wo die Meinung der Figur endet und jene des Erzählers beginnt)
- **personales Erzählen:** Einblicke in Motive und Gedanken der Figuren → **entlarvende** Wirkung
  - Fehlen eines überlegenen Betrachters von außen → Verzicht auf systematische Darstellung des Spießertums und auf Entwurf einer positiven Gegenwelt

- unvermittelte Gegenüberstellung der Gedanken zweier Figuren in indirekter Rede (vgl. S. 64): wechselseitige Wahrnehmung, Verachtung des Gegenübers

- **Prinzip der Montage:**
  - **assoziativ** aneinandergereihte Anekdoten von Koblers Mitreisenden
  - bewusste **Brüche** bei Abfolge der Episoden, **Abschweifungen**
- Wiedergabe von Dialogen und Gedanken in **direkter Rede** → szenisches, zeitdeckendes Erzählen

Sprache und Stil

- Sprache dem **mündlichen Sprechen** angenähert:
  - Wendungen aus **Umgangssprache** (Füllwort „halt“) und bayerischem **Dialekt** („urdanär“, S. 22; „ungerner“, S. 68; „der wo“ als Relativpronomen, S. 149)
  - **Elisionen** bei Verben („Ich komm“, „Das vermut ich“, S. 56)
  - **Schimpfwörter:** „Sau“, „Mistvieh“ (S. 15), „Schnapspreißn“ (S. 37), „Quadratidioten“ (S. 38)
  - **Bildungsjargon:** nichtssagende Floskeln, Phrasen („Köln ist eine herrliche Stadt! Eine uralte Stadt“, S. 90), Zitieren von Gedichten (S. 135 f.) → Figuren spiegeln Bildung nur vor
  - **lakonische**, verknappte, nüchterne Sprache: Nähe zur Epoche der Neuen Sachlichkeit
  - Tendenz zu **parataktischen**, auch **elliptischen Sätzen**; Ausrufe, Fragen
- **Personifikationen:** Torero als Tod; Zukunft sitzt an Annas Bett; Natur als „grausame Herrin“, die „keinen Pardon“ gibt (S. 147) → übermächtige Gewalten, denen Figuren bzw. der Stier ausgeliefert sind
- **Ironie zur Entlarvung** der Figuren und der Gesellschaft:
  - **spöttische Charakterisierung** des faschistischen Italiens: Mussolini „in permanenter Wut [...], dass es bloß vierzig Millionen Italiener gibt“ (S. 46)
  - Parallelisierung von Koblers Niederlage im Kampf um Rigmor gegenüber dem US-Millionär mit der Kriegsniederlage Deutschlands gegen USA
  - **Brüche**, die **Menschen zwischen Körperlichkeit und geistigem Anspruch** zeigen: „[Schmitz] ließ einen Donnernden fahren und wurde wieder sentimental. Er war eben ein Stimmungsmensch.“ (S. 71); Bezeichnung Rigmors als „weibliche[r] Zellenstaat“ (S. 95)

Literarische Form

- **Roman als Widerspiegelung gesellschaftlicher Zusammenhänge:** Vielzahl von Figuren aus unterschiedlichen Schichten; Anreißen ihrer jeweiligen Lebensgeschichte; Bezüge zu zeitgeschichtlichen Hintergründen und Stimmungen (Wirtschaftskrise, Republikfeindschaft)
- Untertitel als Gattungszuweisung: **„erbaulicher Roman“** = ironische Anspielung auf Genre der **Erbauungsliteratur** (eigentlich christliche Texte, die religiöse Fragen und gottgefällige Lebensführung behandeln → Ziel: Leser zu besseren Menschen machen)
- vorangestellte **Absichtserklärung** = Widerspruch zu Untertitel „erbaulicher Roman“
  - Charakterzeichnung des neuen Spießers ist nicht erbaulich
  - ironische Distanzierung von oft kitschiger Gattung des erbaulichen Romans
- 1. Teil als **Parodie auf Form des klassischen Bildungsromans:**
  - anstatt sich auf Reise weiterzubilden und zu einem nützlichen Mitglied der Gesellschaft zu reifen, tritt **Kobler Reise aus egoistischen Motiven** an (Ziel: reiche Heirat)
  - kein Interesse an Land, Leuten und Kunst, sondern an Bordellen und Zechtouren
  - Ergebnis: Kobler bekennt sich zwar zur Paneuropa-Idee, aber **nicht** aus **innerer Läuterung**, sondern aus Trotz, da Heiratsplan gescheitert ist

Auf einen Blick

Der Journalist Sascha Lobo nannte in Anlehnung an Horváth seine SPIEGEL-Kolumne „Der digitale Spießer“. Dieser nutze das Internet „primär zur Selbstbestätigung“, verbinde „Missgunst, Kleingeistigkeit und Größenwahn“ – und er stecke in uns allen.

Politische Lesart

- Widerspiegeln der politisch-sozialen Verhältnisse in später Weimarer Republik: wirtschaftliche Krise, Arbeitslosigkeit, Gefahr eines neuen Weltkriegs
- Einblick in Mentalitäten: Erstarken von Antisemitismus, Demokratiefeindschaft, Chauvinismus
- Horváth als Chronist der Zeit

Soziologische Lesart

- Spießerkritik: Entlarvung von egoistischem, borniertem Verhalten
- Offenlegen eines verfälschten Bewusstseins
- Aufzeigen der sozialen Kluft zwischen Arm und Reich
- Fräulein als Opfer der patriarchalischen Verhältnisse
- alle Werte vom Kapitalismus durchdrungen

Psychologische Lesart

- Demaskierung des Bewusstseins: Strategien der Figuren, sich selbst zu belügen und zu idealisieren
- Antisemitismus und Nationalismus als Kompensation für eigene Minderwertigkeitsgefühle
- Abstumpfen durch Not und Zwang, sich zu prostituieren

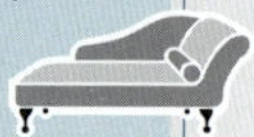

keine Allgemeingültigkeit nur eines Deutungsansatzes, sondern immer Zusammenspiel mehrerer Lesarten

Soziologische Lesart

Spießerkritik

- Vorwort: **Spießer als hypochondrischer Egoist** (= Charakteranlage); Spießertum im Wandel → auch Kritik an Spießertum muss sich wandeln
- Spießer **nicht eindeutig zu charakterisieren**, da ihm alles relativ ist: **Geld als leitende Idee**; **Rücksichtslosigkeit** durch edle Motive kaschiert; ökonomische und soziale Krise als Ausrede für Betrügereien; Ablehnung von allem, was ihm schaden könnte (Demokratie, Frauen, Juden …)
- **verfälschtes Bewusstsein:** Spießer nicht in der Lage, eigene Widersprüchlichkeit und ideologische Fixierung zu erkennen → in eigener Perspektive gefangen = **Borniertheit**
- **Kobler** wie auch **Mitreisende als Spießer** unterschiedlicher Herkunft: allesamt erbärmliche Charaktere, ideologisch verbohrt, engstirnig, überheblich
  - **Egoismus:** Kobler als skrupelloser Geschäftemacher, der alles nach Profit beurteilt („man soll halt nur mit Menschen verkehren, von denen man was hat“, S. 64)
  - **Ignoranz** der Kleinbürger gegenüber Kunst (vgl. S. 87, 129)
  - **Dummheit und Halbbildung:** Koblers Politisieren (z. B. stellt er Analogie her zwischen seinem betrügerischen Kabriolett-Verkauf und Betrug auf internationaler Ebene)
  - **Schmitz als intellektueller Spießer:** begründet triebhaftes Verhalten mit edlen politischen Zielen; frauenfeindliche Klischees („dass Frauen […] sogar sogenannte Seelen haben“, S. 91)
  - **Reithofer** = einzige Männerfigur, die nicht wie Spießer, sondern **solidarisch** handelt

Gesellschaftskritik

- Proletarier, verarmter Mittelstand ↔ vornehme Reiche, Inflationsgewinnler: wechselseitige **soziale Abgrenzung und Aggressivität** → Zweiklassengesellschaft
- einfaches Volk kann sich Eintritt in Weltausstellung nicht leisten und steht vor den Toren
- Dominanz **kapitalistischen Denkens** → Aushöhlung von Werten: Käuflichkeit der Liebe
- drohender **sozialer Abstieg** → Zwang zu betrügen, **sich selbst** zu **verkaufen**, um zu überleben
- „**Fräulein**“ als Verkörperung der **Machtlosigkeit von Frauen in patriarchaler Gesellschaft:**
  - Anna nutzt **Körper als Ersatzwährung:** Prostitution als Mittel, um Verarmung/Arbeitslosigkeit zu entgehen („nun hatte sie keine Gefühle dabei, als wär sie schon tot“, S. 143)

– Schwangerschaft in Krisenzeit als Unglück → Bemühen um Abgang des Embryos
- **Kritik an verrohter, rechtloser Gesellschaft:** „Heutzutag muss man über Leichen gehen, wenn man was erreichen will." (S. 21)
- **Solidarität als einzige Hoffnung:** „Wenn sich alle Mistvieher helfen täten, ging es jedem Mistvieh besser" (S. 161)

Politische Lesart

- Roman als **Spiegel der politisch-gesellschaftlichen Situation:**
  - Hinweise auf **Kriegsausgang:** neue Grenzverläufe Österreich – Italien
  - **Auswirkungen des Versailler Vertrags:** Besetzung des Rheinlands; Rigmors Vater, der Industrielle, ist angewiesen auf US-Kapital; **Teuerung** als Folge der Niederlage
  - zynische Bemerkungen, die **Machtstreben der Kriegsparteien** entlarven: sehen sich als Opfer militärisch-strategischer Gründe und zu rücksichtloser Politik gezwungen (vgl. S. 45)
  - Kritik an **Ausbeutung der Kolonien** und v. a. Afrikas durch rücksichtloses Europa: „wir Weißen sind die größten Bestien!" (S. 80)
  - **Probleme der internationalen Verständigung**, wechselseitiges Misstrauen; **Rüstungswahn** → Erwartung eines „Weltkrieg[s] der Zukunft", der „noch schauerlicher" (S. 68) und ein „Weltbrand" (S. 113) werden wird
  - **Wirtschaftskrise** mit Ausbeutung der Angestellten und drohender Arbeitslosigkeit: Liquidation des Autohauses, in dem Anna beschäftigt ist → Abrutschen in Prostitution
- **Stimmung in später Weimarer Republik:**
  - **Hass auf Juden:** Ressentiments und antisemitische Stereotype (vgl. S. 23, 95)
  - Feindschaft **gegen Demokratie** und Republik: „Man sollte jeden Demokraten ausrotten" (S. 26)
  - **Fremdenfeindlichkeit** und **Chauvinismus:** „Jeder Franzose und jede Französin gehören vergast!" (S. 114)
  - Tendieren Koblers zur politischen Rechten, aber auch **politische Orientierungslosigkeit** → **Opportunist** ohne feste eigene Meinung: ergeht sich mit Schmitz in paneuropäischen Idealen, ist aber sofort bereit, sie zu verraten, wenn er seine privaten Eheziele erreichen will

→ **Horváth als Chronist seiner Zeit**

Psychologische Lesart

- **Demaskierung des Bewusstseins:**
  - **Einblick in Gedanken** der Figuren ↔ oft konträr zu Handlungen oder Äußerungen → berechnende, auf Außenwirkung bedachte Charaktere
  - alle idealisieren und **belügen sich**, z. B. Kobler: „Man muss immer nur ehrlich sein! […] Ich verschleier mich nicht vor mir, ich kanns schon ertragen, die Dinge so zu sehen, wie sie halt sind!" (S. 99)
  - **keine explizite Kritik des Erzählers** → Leser muss selbst Kritik erschließen
- angespannte wirtschaftlich-politische Lage → Versuch, empfundene **eigene Minderwertigkeit zu kompensieren** und sich gegenüber anderen **als überlegen darzustellen** (antisemitische, nationalistische Klischees)
- Zwang zu Prostitution → **Verhärtung** Annas, Verlust des Glaubens an das Gute im Menschen: „Und das gäbs ja gar nicht auf der Welt, dass ihr ein Mensch mit einem Rettungsring nachlaufe, nachdem sie diesen Menschen ausgenützt hätte." (S. 164)

Auf einen Blick

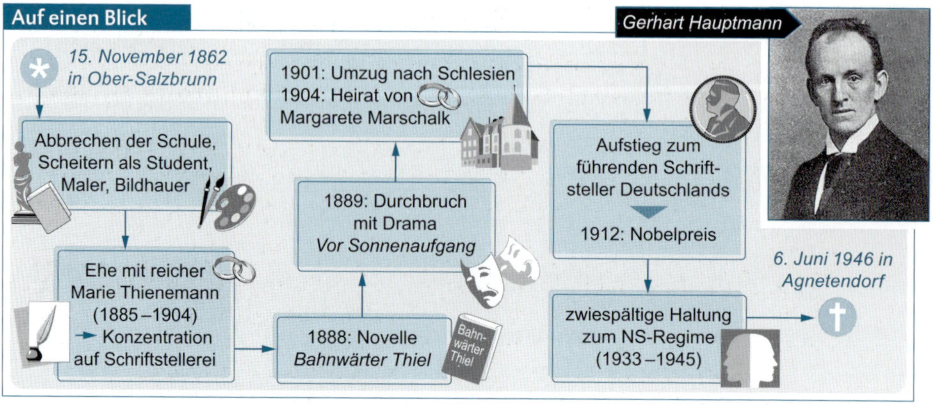

Kindheit und Jugend (1862–1879)

- Geburt am 15. November 1862 in Ober-Salzbrunn (Kurort in Schlesien)
- Familie: **Vater** Robert Hauptmann, wohlhabender **Hotelbesitzer** und Nachkomme schlesischer Weber; drei Geschwister
- glückliche Kindheit, aber **Leiden unter der Schule:** ab 1868 Besuch der Dorfschule, ab 1874 der Breslauer Realschule
- 1878: vorzeitiger Abgang von der Schule → **landwirtschaftliche Ausbildung** bei Onkel in Lohnig: Begeisterung für Landwirtschaft, ABER gesundheitliche Überforderung durch schwere körperliche Arbeit → **Abbruch** der Ausbildung (1879)
- religiöse Prägung durch Herrnhuter Gemeinde (pietistische Ausrichtung der evangelischen Kirche)
- Scheitern des Versuchs, den Schulabschluss nachzuholen

Künstlerische Selbstfindung und Durchbruch als Schriftsteller (1880–1889)

- **finanzielle Not**, da Eltern Hotel verkaufen müssen und ihn nicht mehr unterstützen können
- 1880: Besuch der **Bildhauerklasse** an Königlicher Kunst- und Gewerbeschule in Breslau, ABER Schwierigkeiten, sich einzufügen → disziplinarische Maßnahmen → Umzug nach Jena (1882)
- Jena: **Studium** antiker Geschichte, Philosophie, Naturwissenschaften → Studienabbruch (1883)
- gescheiterter Plan zu einer Griechenland-Reise → Aufenthalt in **Rom**, wo er sich als Bildhauer niederlassen will → Erkrankung an Typhus, **künstlerisches Scheitern** → **Rückkehr** nach Deutschland: erst **Zeichenstudium** in Dresden, dann Studium in Berlin, Schauspielunterricht
- finanzielle Unterstützung durch **Marie Thienemann**, Tochter eines reichen Berliner Kaufmanns → heimliche Verlobung → 1885: **Hochzeit** (= finanzielle Absicherung)
- Wohnung im Berliner Vorort **Erkner**, wo Hauptmann seine angeschlagene Gesundheit regenerieren kann; **Konzentration auf Schriftstellerei**
- 1886/87/89: Geburt der **Söhne** Ivo, Eckart und Klaus
- Begegnungen mit bedeutenden Autoren (Arno Holz, Johannes Schlaf, Frank Wedekind) und dem Psychiater August Forel (Beschäftigung mit damals modernen Theorien zur Vererbungslehre)
- 1888: Veröffentlichung der **Novelle *Bahnwärter Thiel***
- 1889: Uraufführung des **Dramas *Vor Sonnenaufgang*** (Privatvorstellung des Vereins „Freie Bühne") → Theaterskandal und **Durchbruch Hauptmanns als Dramatiker**

Führender Dramatiker in Kaiserreich und Republik (1881 –1933)

- 1894: nach langwierigen Kämpfen mit Zensurbehörde Uraufführung des **Dramas *Die Weber*** (Stück über Ausbeutung der schlesischen Weber und den Weberaufstand von 1844) in Berlin → Protest von Kaiser Wilhelm II.
- 1896/99: zweimalige Weigerung des Kaisers, Hauptmann den Schiller-Preis zu verleihen
- **Liebesbeziehung** mit Schauspielerin **Margarete Marschalk**, gemeinsame Italienreise (1897) → Ehekrise → 1900: Geburt des unehelichen **Sohnes** Benvenuto → 1904: **Scheidung und Heirat** von Margarete
- 1901: Umzug in das von Hauptmann erbaute **Haus „Wiesenstein"** in Agnetendorf (Schlesien)
- zahlreiche neue Werke: u. a. Märchendrama *Die versunkene Glocke* (1896), Künstlerdrama *Michael Kramer* (1900), sozialkritisches Drama *Rose Bernd* (1903); Tragikomödie *Die Ratten* (1911)
- internationaler **Ruhm** und Auszeichnungen → 1912: **Nobelpreis**
- Weimarer Republik: gilt als **repräsentativer Dichter**, lehnt aber ein Staatsamt ab
- 1932: anlässlich des Goethe-Jahrs Reise in die USA, wo Hauptmann gefeiert wird

Anpassung im NS-Regime und Tod (1933 –1946)

- nach NS-Machtübernahme Rückzug nach Agnetendorf
- **zwiespältige Haltung gegenüber NS-Regime:**
  - 1933: Unterzeichnung einer **Loyalitätserklärung** gegenüber Hitler
  - gewisse **Faszination für Führertum Hitlers**, den er als „Sternenschicksalsträger des Deutschtums" preist
  - weder Emigration noch Stellungnahme gegen Nationalsozialismus
  - nur **im Privaten geäußerte Kritik** am Antisemitismus; Teilnahme an Beerdigung seines jüdischen Verlegers Samuel Fischer (1934)
  - **Distanzierung** vom Regime während der Endphase des Kriegs
- **Überwachung** durch Regime, Zensur einiger Werke, ABER auch **Vereinnahmung:** Feiern zum 80. Geburtstag (1942); auf Betreiben Hitlers 1944 Aufnahme Hauptmanns in **„Gottbegnadeten-Liste"** (vom NS-Staat besonders geschützte Kulturschaffende)
- 1940–1944: vier Dramen, die antiken Iphigenie-Stoff neu deuten (*Atriden-Tetralogie*)
- Februar 1945: Sanatoriumsaufenthalt bei **Dresden** → erlebt Zerstörung der Stadt durch **Bombenangriff**
- April 1946: **russisch-polnischer Ausweisungsbefehl** im Zuge der Zwangsaussiedlung der deutschen Bevölkerung aus Schlesien (trotz sowjetischer Wertschätzung für Hauptmann als naturalistischen Dichter)
- 6. Juni 1946: **Tod** Hauptmanns **in Agnetendorf** → Überführung des Leichnams nach Deutschland und Beisetzung auf der Insel Hiddensee, wo Hauptmann seit 1930 ein Haus besaß

Werkauswahl

- ***Vor Sonnenaufgang*** (1889): soziales Drama, das die Determination durch Milieu und Vererbung behandelt. Die Bauerstochter Helene versucht, ihrer von Alkoholismus und Gewalt geprägten Familie durch eine Heirat zu entkommen. Doch da ihr Verehrer von der Erblichkeit der Trunksucht überzeugt ist, verlässt er sie, woraufhin Helene sich umbringt.
- ***Der Biberpelz*** (1893): Komödie, die auf satirische Weise den preußischen Obrigkeitsstaat lächerlich macht. Die gerissene Waschfrau Wolf führt die verbohrten Polizisten an der Nase herum und kann so ihre zahlreichen Diebstähle verschleiern.

Auf einen Blick

In München ist „Bahnwärter Thiel" der Name eines alternativen Kulturzentrums, das in alten U-Bahn-Waggons und Containern Techno-Clubnächte und Raves veranstaltet.

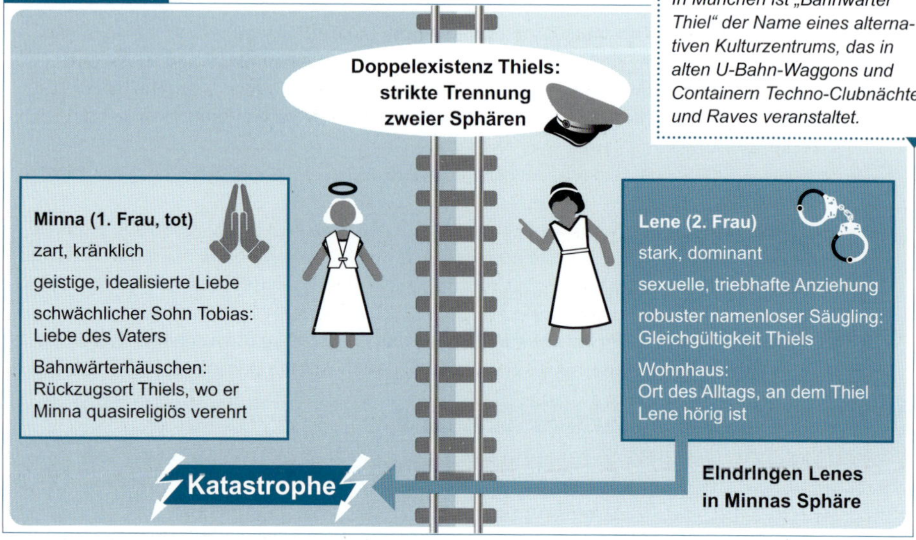

Kapitel I: Thiel und seine beiden Frauen

- Vorstellung des Protagonisten Thiel: pflichtbewusster, **zuverlässig-pedantischer Bahnbediensteter** und gläubiger Kirchgänger
- **Rückblick auf kurze Ehe** mit kränklicher Frau **Minna**, die im Wochenbett stirbt → nach zwei Jahren **erneute Heirat** mit robuster Kuhmagd, um den kleinen Sohn Tobias zu versorgen
- zweite Frau **Lene tüchtig** und kräftig, aber **herrschsüchtig** und dominant → **Thiels sexuelle Hörigkeit** und Nachgiebigkeit gegenüber Lenes Ausbrüchen; nur Widerstand, wenn es Tobias betrifft
- Rückzug in sein abgelegenes **Wärterhäuschen** im Wald = **Zufluchtsort**, den er dem Andenken an seine verstorbene Frau Minna weiht → quasireligiöse Verehrung der Toten
- **Zerrissenheit Thiels** zwischen geistiger Liebe (Minna) und triebhafter Anziehungskraft (Lene)
- **Geburt eines eigenen Kinds durch Lene** → Feindseligkeit gegenüber dem kränklichen, zurückgebliebenen Stiefsohn Tobias → Thiel schaut weg, ignoriert Hinweise für Misshandlung

Kapitel II: Versagen als Vater

- Lenes Ärger über Kündigung des gepachteten Kartoffelackers, Vorwürfe → Thiel berichtet von **Stück Land an der Bahnlinie**, das er geschenkt bekommen habe und für den **Anbau** nutzen dürfe → Freude Lenes
- Schilderung von Thiels **liebevollem Umgang mit den Kindern** des kleinen Orts, besondere Zuwendung zu Tobias
- Vorfall: ungeplante Rückkehr Thiels in sein Haus, da er sein Butterbrot vergessen hat → wird **Zeuge, wie Lene Tobias beschimpft** und brutal schlägt → Thiels Wut und Erregung, ABER innere Schwäche gegenüber Lene und ihrer sexuellen Anziehungskraft → **kein Einschreiten**, sondern wortloser Abschied

Kapitel III: Zugunglück, Wahnsinn, Doppelmord

- Vorbereitungen Thiels in Wärterhäuschen für Nachtdienst
- intensive **Wahrnehmung des vorbeifahrenden Zuges** während des Sonnenuntergangs
- Umgraben des Ackers→ **Erschrecken** angesichts der Vorstellung, dass Lene nun bald in sein abgeschiedenes Refugium eindringen wird; **Scham**, dass er Misshandlungen von Tobias in den vergangenen Jahren zugelassen hat
- **Alptraum: Minna**, die sich mit blutigem Kleinkind im Arm auf der Flucht befindet und ihn ignoriert → **Verstörung und Kummer Thiels**
- am Morgen Heimkehr zu Lene, wobei die nächtlichen Beklemmungen angesichts des Sonnenscheins verschwinden
- **Lenes Entschluss**, am folgenden Tag mit beiden Kindern **Thiel zum Wärterhaus zu begleiten**, um Kartoffeln anzubauen → inneres Entsetzen Thiels, aber kein Widerstand
- Abschreiten der **Bahnstrecke: Thiel erklärt Tobias Bedeutung der Schienen** und Sirren der Telegrafenleitungen, die wie Kirchenchoräle klingen → gerührtes Gedenken Thiels an Minna; Tobias hält Eichhörnchen für den lieben Gott
- nach Mittagspause erneuter **Aufbruch Thiels zu seinem Posten**, um Durchfahrt eines Schnellzugs abzuwarten
- **Lene besteht darauf, dass Tobias bei ihr bleibt** und auf Geschwisterchen aufpasst → angstvolle **Mahnung Thiels**, Tobias möge den Gleisen nicht zu nahe kommen
- trotz Vollbremsung des **Zugs** Erfassen einer Person auf den Gleisen → Entsetzen Thiels, als er erkennen muss, dass **Tobias überfahren** worden ist; erregtes Geschrei Lenes, die ihre Unschuld beteuert
- **Abtransport des Kindes** auf Bahre zu nächstgelegenem Bahnhof: da Thiel den Posten nicht verlassen kann, muss Lene den schwerverwundeten Tobias zum Arzt begleiten
- **Anflug von Wahnsinn bei Thiel**, der Tod seines Sohnes erahnt und seine tote Frau anfleht, ihm Tobias zu lassen; **Mordfantasien gegenüber Lene**
- Eichhörnchen erinnert Thiel an Aussage von Tobias → **Bewusstsein, dass er in den Wahnsinn abrutscht**
- schreiendes Kind Lenes im Kinderwagen → **Thiel würgt Baby** in Raserei → Läuten der Bahnglocke lässt ihn zur Besinnung kommen
- Zug mit Arbeitern bringt **toten Tobias** und Lene → **Zusammenbruch Thiels** → Heimtransport des Bewusstlosen auf der Bahre
- Pflege des fiebernden Thiel durch aufgewühlte Ehefrau; Einschlafen Lenes
- als Männer Tobias' Leiche bringen: **Entdeckung von ermordeter Lene und ihres** Babys mit durchschnittener Kehle → Suche nach **Thiel**, den man **auf den Bahnschienen** findet
- **Symptome des Wahnsinns** bei Thiel → gewaltsamer Abtransport ins Untersuchungsgefängnis nach Berlin → Unterbringung in **„Irrenabteilung"**

Auf einen Blick

Eine Zeit lang begaben sich Literaturwissenschaftler mit dem Text in der Hand auf die Suche nach den realen Schauplätzen der Novelle – und ignorierten dabei, dass Literatur immer mit Fiktionalisierung arbeitet.

Aufbau und Struktur

Einteilung in drei Kapitel:

- **Kapitel I als Exposition:** Einführung in Fakten und Lebenssituation Thiels (zeitraffend erzählt)
- **Kapitel II: Zuspitzung der Krise** Thiels: Leiden unter Lene, Unfähigkeit, seinen Sohn zu beschützen (zunehmend szenisch erzählt)
- **Kapitel III:** spannungsvolles und unausweichliches Zurasen auf doppelte **Katastrophe** (Verunglücken von Tobias, Ausbruch des Wahnsinns bei Thiel und Doppelmord)

Erzählerische Gestaltung

- **Zeitgestaltung:**
  - Wiedergabe von 10 Jahren aus Thiels Leben (**Zeitraffung**); zentrales Unglück binnen drei Tagen
  - an zwei Stellen ausgedehntere **Dialoge:** Lenes Misshandlung von Tobias, Zugunglück / Thiels Anrufung von Minna → **zeitdeckende Erzählweise** an Schlüsselstellen
  - **spärlicher Einsatz wörtlicher Rede** → Charakterisierung Thiels als wortkarg, einzelgängerisch
- generell **auktoriale Erzählhaltung**, aber passagenweise Abweichungen:
  - bei Darstellung von Natur und äußerem Geschehen (Rückblick auf Thiels erste Ehe) **neutrales Erzählen**, aber **symbolische Aufladung** des Erzählten durch Spiegelung von Naturereignissen, technischen Erscheinungen in psychischen Zuständen
  - **Mittelteil: personal erzählte Passagen** (Einblicke in Thiels Sicht); erlebte Rede zur Darstellung von Thiels Kampf gegen den Wahnsinn; Verschmelzen von Außenwelt und Innenwelt Thiels
  - zum **Schluss** Rückkehr zu objektivem, **neutral erzähltem Berichtsstil** (Auffinden der Leichen, Suche nach Thiel)
  - **Zurücktreten des Erzählers: Verzicht auf Kommentare**, Urteile, moralische Wertung → Leser müssen sich eigenes Urteil bilden

Sprache und Stil

- **antithetische Struktur:** Natur vs. Technik; Minna (geistige Liebe) vs. Lene (Triebhaftigkeit); Vergangenheit vs. Gegenwart; vital-dominante Frau vs. schwacher, empfindsamer Mann; Albtraum vs. Realität; kräftige, riesenhafte Gestalt vs. innere Schwäche und Passivität Thiels
- **Farbsymbolik:** Rot (Glut und Feuer), aber auch graue Farben (Tod, Verwesung) → Versinnbildlichung der Unmenschlichkeit der Eisenbahn
- Darstellung der **Urgewalt der Eisenbahn** außerdem durch:
  - **Metaphern** („das schwarze, schnaubende Ungetüm“, S. 19)
  - **Vergleiche** („die Geleise begannen zu glühen, feurigen Schlangen gleich“, „Getöse, das [...] den Hufschlägen eines heranbrausenden Reitergeschwaders nicht unähnlich war“, S. 18 f.)
  - **Personifikationen** („die Erde zitterte“, S. 19)
  - **Lautmalerei** („Tosen und Toben“, S. 19)
- Übergreifen des **technischen Vokabulars:**
  - auf **Naturbeschreibungen:** Kiefernstämme ähneln „Säulenarkaden“ und glühen „wie Eisen“ (S. 18); Forst als aufgestaute „Nadelmassen“ (S. 18)
  - auf Darstellung von **psychischen Vorgängen: Vergleich**, um Thiels Verlust von jedem Halt zu veranschaulichen (die Strecke kreist um ihn „wie die Speiche eines ungeheuren Rades, dessen Achse sein Kopf war“, S. 33)
- parallel verlaufende **Gleise als Symbol** für die **zerrissene Existenz** Thiels zwischen Lene und Minna
- **Sekundenstil:** möglichst genaues Erfassen der Realität (wissenschaftlicher Anspruch)
- Gebrauch von **Umgangssprache** in Figurenrede: Erzeugen von **Authentizität** („soll sich das elende Wurm die Plautze ausschreien vor Hunger? – wie?“, S. 14)

Gattungs- und Epochenzugehörigkeit

- **Gattung:**
  - **„Studie“:** Anspielung auf empirisch-naturwissenschaftliches Vorgehen, mit dem die **Wirklichkeit möglichst exakt wiedergegeben** werden soll (naturalistisches Kunstgesetz von Arno Holz: „**Kunst = Natur - x**“), aber auch auf malerische Studie (Betonen des **Skizzenhaften**)
  - Attribut **„novellistisch“** → Einordnung als Novelle: erzählerische Ausgestaltung einer „unerhörter Begebenheit“ (Doppelmord eines Familienvaters); nicht nur objektive Abbildung der Realität, sondern **bewusste künstlerische Gestaltung** der Handlung
- **naturalistische Elemente:**
  - Stoff und Milieu aus der **Welt der Arbeiter** (vierter Stand)
  - **psychische Determination:** sexuelle Abhängigkeit Thiels von Lene
  - Darstellung von Thiels Abgleiten in den **Wahnsinn** ↔ Realismus: Ausblenden alles Hässlichen
  - **sprachlich exakte Wiedergabe, Verzicht auf explizite moralische Bewertung**
- **impressionistische Elemente:**
  - Bedeutung **sinnlicher Eindrücke** (Farben, Töne, Atmosphärisches)
  - detailreiche Darstellung von Natur und technischen Phänomenen (Eisenbahn, Telegrafenmasten)
- **expressionistische Elemente:**
  - **Verschwimmen von Außen- und Innenwelt** (z. B. Thiels Erleben des Sonnenuntergangs)
  - Einsatz von **Farbsymbolik**
  - Thema des **psychisch labilen, bedrohten Individuums**

Auf einen Blick

Der Kritiker Marcel Reich-Ranicki bewertete alle Romane und Erzählungen Hauptmanns als „missraten, oft indiskret und exhibitionistisch" – mit einer Ausnahme: „Bahnwärter Thiel".

Naturmythische Lesart
- Unausweichlichkeit des Schicksals: Untergang Thiels
- elementare Kraft der Natur als Spiegel von Thiels Seelenleben
- Thiels religiöse Verehrung für tote Minna in der Natur

Psychologische Lesart
- Geschichte der psychischen Zerstörung eines Menschen
- psychische Determination: sexuelle Hörigkeit Thiels
- Familiendrama: Thiels Scheitern als Vater → Selbsthass → Mord, Wahnsinn
- Thiels Visionen als Symptom für Realitätsverlust

Technikkritische Lesart
- durch Industrialisierung Mechanisierung und Taktung der Arbeit → Entfremdung der Arbeiter
- zerstörerische Urgewalt der Eisenbahn → Bedrohung für Menschen
- Text als Kritik an kapitalistischer Ausbeutung

keine Allgemeingültigkeit nur eines Deutungsansatzes, sondern immer Zusammenspiel mehrerer Lesarten

Technikkritische Lesart

- 19. Jh.: gewaltiger Ausbau des Schienennetzes im Zuge der **Industrialisierung** → vermehrter Transport von Personen und Gütern → **Eisenbahn als Hoffnungsträger** für positive Veränderungen, ABER auch **Symbol für Beschleunigung, Hektik, Gefahr**
- Ambivalenz der Eisenbahn auch in Novelle: Sicherung des **Lebensunterhalts für Thiel** und seine Familie, ABER auch **Grund für Tobias' Unfalltod** → indirekte **Kritik am Fortschrittsglauben**
- kritische Darstellung von Thiels Beruf:
  - **entfremdende Arbeit Thiels:** Zugfahrplan bestimmt Leben; mechanisches Verrichten der Tätigkeiten → kein psychischer Halt durch Arbeit
  - **Thiel nur über Berufsbezeichnung definiert**, Vorname bleibt ungenannt → große Bedeutung seiner Arbeit für ihn
- Darstellung der **technischen Erscheinungen als bedrohlich, unheimlich, todbringend**
- **Kontrastierung von religiös verklärter Natur** (Wald wie Kathedrale) **und monströser Eisenbahn**
- Darstellung **Lenes als maschinenhaft** (vgl. S. 27) und herzlos: für Thiel so unbezwingbar wie die Eisenbahn → ihre Ermordung lässt sich auch als Racheakt gegenüber dem tödlichen Zug deuten
- **Kritik an kapitalistischer Haltung** und Zwang zu Tempo:
  - Schnellzug, der Tobias überfahren hat, nimmt verletztes Kind nicht mit, da er Zeit aufholen muss; Thiel darf Posten nicht verlassen und verunglücktes Kind nicht begleiten
  - Schluss: **Sitzblockade** Thiels auf den Gleisen → Aufhalten des Schnellzugs: Störung der Abläufe in Industriegesellschaft durch einen Wahnsinnigen, aber auch Befreiungsversuch aus psychischen und beruflichen Zwängen

Psychologische Lesart

- Novelle als **Geschichte der psychischen Zerstörung eines Menschen**
- geregeltes, **geordnetes Leben essenziell für Thiel:**
  - Vollzug der Arbeit wie **Ritual** mit genau festgelegten Handgriffen
  - Wunsch, **zwei Sphären auseinanderzuhalten** (Doppelexistenz Thiels): Sehnsucht nach Reinheit, Heiligem (geistige **Liebe zu Minna**) vs. eigene Triebhaftigkeit (sexuelles **Begehren gegenüber Lene**) hat Entsprechung in **Räumen:** Wärterhäuschen vs. Wohnhaus → Katastrophe, als Lene in seinen Zufluchtsort eindringt
- **Ohnmacht Thiels gegenüber psychischer Determination:**
  - **sexuelle Hörigkeit** gegenüber Lene und Unfähigkeit, Widerstand zu leisten
  - **Bahngleise als Symbol für Unausweichlichkeit** des Unglücks, dem Thiel entgegenstrebt
  - Rückzugsort des **Wärterhäuschens** als Versuch, den **Sexualtrieb zu verdrängen**
- **Familiendrama:** Nachgiebigkeit Thiels gegenüber Frau, Ignorieren aller Anzeichen für Misshandlung von Tobias, **Unfähigkeit, einzuschreiten** = Bruch des Minna gegebenen Versprechens → Anstauen von **Selbsthass, Ekel, Aggression** → **Überreaktion** bei Tod von Tobias: grausamer Doppelmord
- **Scheitern an Vaterrolle:** zwar liebevolle Beschäftigung mit Kindern, große Zuneigung zu Tobias und zweite Heirat, um Sohn zu versorgen, ABER **kein Schutz für Sohn** sowie keine emotionale Bindung zu zweitem Kind, dessen Namen und Geschlecht ungenannt bleiben
- **Träume und Visionen** als Anzeichen von Thiels **Realitätsverlust:** sieht Erscheinung Minnas, die ihn ignoriert und blutiges Bündel trägt
- Aufbrechen psychischer Abgründe:
  - **zerstörerische Gewalt der inneren Natur:** Wahnsinn wie externe Gewalt, die sich Thiels bemächtigt („Es war, als hielte ihn eine eiserne Faust im Nacken gepackt, so fest, daß er sich nicht bewegen konnte", S. 32 f.)
  - völliger **Orientierungsverlust** infolge des Unglücks: „Alles war ihm neu, alles fremd." (S. 35); Unfähigkeit, sein Leid sprachlich zu artikulieren
  - **Selbstdiagnose** („Aber mein Gott, das ist ja Wahnsinn.", S. 35) → vergebliche Bemühung, sich gegen Abgleiten in Krankheit zu stemmen

Naturmythische Lesart

- mythische Dimension: **Unausweichlichkeit des Schicksals** → Wandlung eines gütigen, ordnungsliebenden und friedlichen Mannes zum Mörder
- **dämonische und geisterhafte Gewalt der Eisenbahn**
- **elementare Darstellung der Landschaft:**
  - feierliche **Erhabenheit des Waldes:** religiöse Assoziationen (Laute, „die aus dem Holze wie sonore Choräle aus dem Innern einer Kirche hervorströmten", S. 27)
  - Toben des **Gewitters**
  - **kindlich-religiöse Deutung von Naturphänomenen:** Tobias hält Eichhörnchen für Gott
  - scheinbare Leblosigkeit der Natur nach dem Tod von Tobias („Die Stämme der Kiefern streckten sich wie bleiches, verwestes Gebein zwischen die Wipfel hinein", S. 35) → **Natur als Spiegel von Thiels Innenleben** = Ausgleich für seine Unfähigkeit, zu kommunizieren
- **mythisch-religiöse Überhöhung der ersten Frau:** ekstatisches Gedenken an Minna bei religiösen Liedern und Bibellektüre; Wärterhäuschen als Heiligtum, ABER Versagen von Religion und Privatkult: Thiel verfällt sexueller Begierde und kann Katastrophe nicht aufhalten

Auf einen Blick

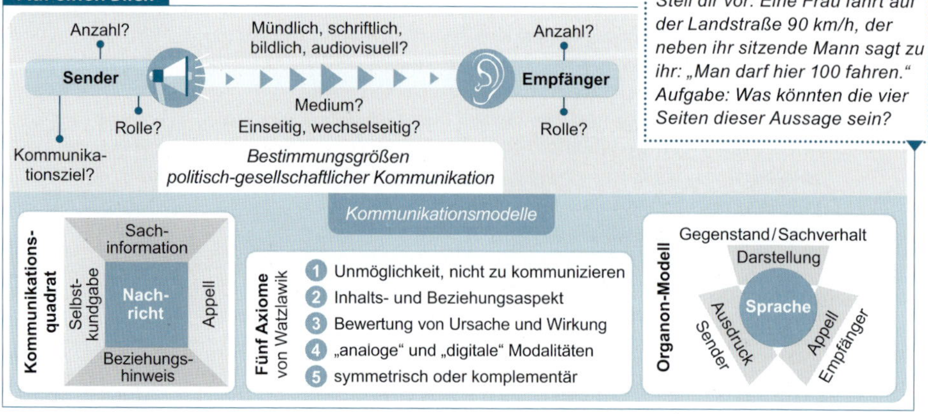

Grundlagen

- **große Breite** an politisch-gesellschaftlichen Verwendungszusammenhängen: Polit-Talkshows, Pressekonferenzen, amtliche Mitteilungen, Demonstrationen, digitale Medien mit Zugang für jeden (z. B. Twitter, Kommentarfunktion bei Onlineartikeln), Zeitungsartikel, Kabarett etc.
- grundlegende Fragen:
  - Welche **Rolle spielt Sprache** im jeweiligen Verwendungszusammenhang?
  - Inwiefern ist die politisch-gesellschaftliche Kommunikation jeweils auf **Verständigung** ausgerichtet und inwiefern ist sie **strategisches** Mittel?
  - Welche **sprachlichen Merkmale** hat die Kommunikation jeweils und wie unterscheidet sich der Sprachgebrauch in **unterschiedlichen Medien** – insbesondere im Hinblick auf die **Mündlichkeit** und **Schriftlichkeit**?

Bestimmungsgrößen politisch-gesellschaftlicher Kommunikation

- **Anzahl der Sender und Empfänger:** statt One-to-One-Kommunikation (ein Sender, ein Empfänger) eher **One-to-Many-Kommunikation** (ein Sender, viele Empfänger → z. B. Radio) oder **Many-to-Many-Kommunikation** (viele Sender, viele Empfänger → z. B. soziale Netzwerke)
- **Sender:** Kommunikation als private Person (z. B. Kommentar unter Onlineartikel), als Rollenträger (z. B. Journalist*in: Zeitungsartikel) oder in öffentlicher Funktion (z. B. Politiker*in) etc.?
- **Adressat/Empfänger:** Kommunikation gerichtet an Einzelperson (z. B. Beschimpfung über Twitter), an Gruppe (z. B. Rede bei Demonstration) oder an Öffentlichkeit insgesamt (z. B. Weihnachtsansprache des Bundespräsidenten) etc.?
- **Kommunikationsziel:** u. a. Appell, Information, Überzeugen, Warnung, Verbot, Beeinflussung
- **mediale Aspekte:**
  - mündliche (z. B. Rede), schriftliche (z. B. Parteiprogramm), bildliche (z. B. Symbol auf einem Verbotsschild) oder audiovisuelle Kommunikation (z. B. YouTube-Video) etc.?
  - Medium: Druck (z. B. Amtsblatt, Zeitung), Fernsehen (z. B. Nachrichtensendung), Internet (z. B. Twitter, Homepages), Schilder/Plakat (z. B. Demonstrationsplakat) etc.?
  - einseitige (uni-/monodirektionale) Kommunikation (z. B. Bekanntmachung am Rathaus) oder wechselseitige (bidirektionale) Kommunikation (z. B. Debatte mit der Bürgermeisterin)?

Kommunikationsmodelle

Organon-Modell von Karl Bühler (1934)
- **Sprache als Werkzeug** (= organum) zur Erfassung und Beschreibung von Realität, das von Menschen zur **Kommunikation** genutzt wird
- **drei Elemente** von Kommunikation: **Sender** kommuniziert mit **Empfänger** (mithilfe eines Sprachzeichens) über **Sachverhalt** → **Sprachzeichen** hat drei Dimensionen:
  - **Darstellungsfunktion:** Sprachzeichen als Symbol für Gegenstand oder Sachverhalt
  - **Ausdrucksfunktion:** Ausdruck von Verfassung des Senders
  - **Appellfunktion:** Appell an Empfänger
- **Uneindeutigkeit sprachlicher Zeichen** und Abhängigkeit von Gefühlen, Bewertungen o. Ä.
- je nach **Absicht des Sprechers** und Gewichtung ist eine Funktion besonders hervorgehoben

Fünf Axiome von Paul Watzlawick (1967)
- **Axiom 1:** Man kann nicht nicht kommunizieren – Kommunikation ist mehr als Austausch sprachlicher Zeichen → in Gesellschaft **keine Möglichkeit, sich Kommunikation zu entziehen**, z. B. auch Schweigen als Form von Kommunikation
- **Axiom 2:** Jede Kommunikation hat einen **Inhaltsaspekt** (Übermittlung von Informationen) und einen **Beziehungsaspekt** (Verdeutlichung der Beziehung der Gesprächspartner*innen) → es gibt keine rein informative Kommunikation, sondern Beziehung beeinflusst Inhaltswahrnehmung
- **Axiom 3:** Kommunikation ist immer Bewertung von Ursache und Wirkung → unterschiedliche **Wahrnehmung von Ursache und Wirkung** in der Kommunikation
- **Axiom 4:** Menschliche Kommunikation bedient sich **„analoger" Modalitäten** (nonverbale Äußerungen wie Mimik, Körpersprache, Tonfall → häufig Vermittlung der Beziehungsebene) und **„digitaler" Modalitäten** (verbale Äußerungen → häufig Vermittlung der Inhaltsebene) → Verständnisprobleme, wenn Modalitäten sich widersprechen (z. B. Drohung mit Lächeln)
- **Axiom 5:** Kommunikation ist **symmetrisch** (Gleichberechtigung der Gesprächspartner*innen → Kommunikation auf Augenhöhe) oder **komplementär** (Über- bzw. Unterlegenheit der Gesprächspartner*innen, die sich in ihrem Verhalten ergänzen)

Kommunikationsquadrat von Friedemann Schulz von Thun (1970er)
- **Annahme:** Jede Äußerung enthält vier Botschaften (vier Seiten einer Nachricht) gleichzeitig (→ Kommunikationsquadrat): **Sachinformation** (worüber Sprecher informiert), **Selbstkundgabe** (was Sprecher von sich zu erkennen gibt), **Beziehungshinweis** (was Sprecher vom Empfänger hält bzw. wie er zu ihm steht), **Appell** (was Sprecher beim Empfänger erreichen möchte)

→ **Sender sendet vier Botschaften** („vier Münder"), **Empfänger empfängt vier Botschaften** („vier Ohren") → gelingende Kommunikation abhängig vom **Zusammenspiel** der Botschaften
- **Beispiel für gestörte Kommunikation:** Unterhaltung von zwei Schülerinnen über die gerade geschriebene Klausur → Sender: „Das war echt leicht, oder?"
  - **Sachinformation (Sender):** Die Klausur war leicht. ↔ **Interpretation** der Sachinformation **(Empfänger):** Die Klausur war leicht.
  - **Selbstkundgabe (Sender):** Die Klausur ist bei mir echt gut gelaufen. ↔ **Interpretation** der Selbstkundgabe **(Empfänger):** Die Klausur ist bei mir echt gut gelaufen, weil ich so schlau bin.
  - **Beziehungshinweis (Sender):** Dir ging es bestimmt genauso, oder? ↔ **Interpretation** des Beziehungshinweises **(Empfänger):** Ich halte mich für schlauer als dich.
  - **Appell (Sender):** Erzähl mir, wie es bei dir gelaufen ist. ↔ **Interpretation** des Appells **(Empfänger):** Erzähl mir, dass es bei dir nicht gut gelaufen ist.

Auf einen Blick

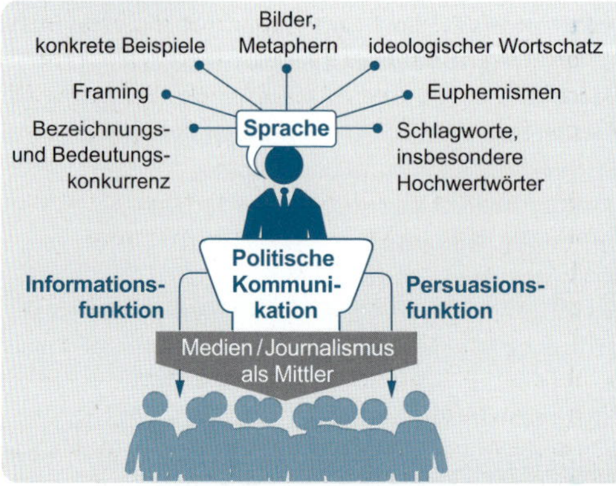

Als „Lehrsatz der Demokratie" formulierte der Politiker Norbert Lammert: „Die Politik hat dem Volk aufs Maul zu schauen, nicht aber nach dem Mund zu reden." Dem Populismus wird häufig vorgeworfen, dem zweiten Teil des Satzes nicht zu folgen.

Beispiel: Populismus

- Abgrenzung gegenüber „Eliten" und Berufung auf den „Willen des Volkes" – Selbstinszenierung als volksnah
- Nährboden für Populismus: Unzufriedenheit und Verunsicherung
- sprachliche Mittel des Populismus: negatives Framing; drastische, auf Gefühle abzielende Rhetorik; polarisierend-plakative Sprache

Politische Kommunikation zwischen Informieren und Beeinflussen

- politische Kommunikation: öffentliche Kommunikation mit politischen Inhalten → insbesondere Kommunikation von **Politikerinnen und Politikern** gegenüber den **Bürgerinnen und Bürgern**, aber auch die Kommunikation anderer **politisch relevanter Akteure**, u. a. Vertreter von Interessenverbänden, Non-Profit-Organisationen, Bürgerinitiativen
- Kommunikation und Sprache im öffentlichen Raum als essenzielle Bestandteile von Politik
- Sprache mit **Doppelfunktion:** als Mittel, mit dem politische Akteure über Positionen, Vorhaben, Maßnahmen etc. **informieren** (Informationsfunktion), und als Mittel, mit dem **Einfluss genommen** bzw. **Zustimmung erstrebt** wird (Persuasionsfunktion, von lat. *persuadere*: überreden)

→ z. B.: „Die von uns geplante Erhöhung des Kindergeldes führt zu mehr sozialer Gerechtigkeit." (Information: Vorhaben Kindergelderhöhung; Persuasion: Werben um Zustimmung, u. a. mithilfe des Schlagworts „soziale Gerechtigkeit")

- Politik per se als gesellschaftliches Feld, in dem um **politische Macht** (z. B. Regierungsmacht, aber auch Macht innerhalb einer Partei) gerungen wird → Sprache als Mittel, Macht zu erlangen
- Zwiespalt politischer Akteure: Erwartung ehrlicher Kommunikation vs. Notwendigkeit strategischer Kommunikation
- politische Kommunikation oft als **Kampf um Deutungshoheit**, u. a. mithilfe von Framing (z. B.: Zuwanderung als Problem oder als Chance?)
- große Bedeutung der klassischen **Massenmedien** als **Vermittlungsinstanz** zwischen Politik und Bevölkerung; ABER: zunehmend direkte Kommunikation zwischen politischen Akteuren und der Bevölkerung über **soziale Medien** → Kampf um Aufmerksamkeit in diesen Medien besonders stark
- oft **zwei oder mehr Adressaten(kreise)** politischer Aussagen (z. B. Talkshow: andere Gäste und Zuschauer*innen als Adressaten): oft Simulation sachlich-informativen Austauschs, aber eigentlich Ziel der Persuasion
- PR-Agenturen in beratender und gestaltender Funktion, insb. im Wahlkampf und bei Kampagnen
- politische Akteure meist rhetorisch geschult (auch in der Gestik) → Ausrichtung auf Wirkung

Sprachliche Merkmale politischer Kommunikation

- semantische Kämpfe: **Bezeichnungskonkurrenz** (Welcher Begriff bezeichnet einen bestimmten Sachverhalt [z. B. „Krieg“ vs. „Intervention“]?) und **Bedeutungskonkurrenz** (Welche Bedeutung hat ein bestimmter Begriff [z. B. „Freiheit“ im liberalen vs. sozialdemokratischen Sinn]?)
- **ideologischer Wortschatz:** Wortschatz, der der ideologischen Ausrichtung der Sprechenden entspricht
- Rolle von **Schlagworten:** u. a. Hochwertwörter, mit denen bestimmte positive Emotionen verbunden werden (z. B. „Freiheit“), ↔ Wörter („Stigmawörter“), mit denen bestimmte negative Emotionen verbunden werden (z. B. „Terror“)
- **einprägsame Bilder/Metaphern:** meist zur **Veranschaulichung** politischer Zusammenhänge oder Maßnahmen
- **Euphemismen:** oft als Beschönigung unliebsamer Maßnahmen/Zusammenhänge
- **Framing** (von engl. *frame*: Rahmen): Setzung eines bestimmten **Deutungsrahmens** (durch gewisse Wörter und Metaphern, aber auch durch Auswahl bestimmter Aspekte der Realität), der i. d. R. eine **bestimmte Perspektive, Haltung, Wertung** etc. vermittelt bzw. beim Empfänger hervorrufen soll (→ oft zu manipulativen Zwecken) – **Beispiele:**
  - Begriff „Machthaber“ statt „Präsident“ → eher Vermittlung einer negativen Sicht auf die Person
  - Formulierung „Klimawandel“ statt „Klimakrise“ → Konnotation, Klima ändere sich von selbst
  - Nennung der Nationalität bei Darstellung von Verbrechen, die von Ausländern oder Ausländerinnen begangen worden sind → Deutungsrahmen, dass die Herkunft eine Rolle spiele
  - offen oder implizit wertende Namen für Gesetze (z. B.: „Gute-KiTa-Gesetz“), auch mit euphemistischen Anteilen (z. B.: „Geordnete-Rückkehr-Gesetz“)
- **konkrete Beispiele**, um Bürgernähe zu zeigen (z. B.: „Mein Bäcker um die Ecke ...“)
- häufiger Vorwurf an politische Akteure: fehlende Eindeutigkeit, Phrasenhaftigkeit („Wir wollen das Land voranbringen.“), ausweichende Antworten („Darüber werden wir sprechen müssen ...“)
- stärkere Ausrichtung der Kommunikation auf jeweiliges Publikum der verschiedenen Kanäle: z. B. Versuch mancher Politiker*innen, auf Instagram mithilfe jugendlicherer Ansprache jüngere Menschen für sich zu gewinnen
- in der Presse/im Internet: Überschriften in **Frageform**, die den Eindruck erwecken, es sei etwas Wichtiges aufgedeckt worden (z. B.: „Coronaimpfung doch schädlicher?“)

Beispiel: Populistische Kommunikation und Sprache

- **Populismus** (von lat. *populus*: Volk): Politik, die sich durch die **Abgrenzung von „Eliten“** volksnah gibt, sich auf den „Willen des Volkes“ beruft und mit vereinfachenden, oft dramatisierenden Aussagen **Stimmungen** in der Bevölkerung erzeugen will, um diese für sich auszunutzen
- Populismus ohne festen Platz im politischen Spektrum, findet sich aber eher an den Rändern
- Nährboden für Populismus: **Unzufriedenheit** in (Teilen) der Bevölkerung; Gefühl, „von denen da oben“ **nicht gehört** zu werden; **Verunsicherung** durch schnelle Veränderungen; **Skandale**
- häufige **Mittel** des Populismus:
  - Anbieten scheinbar **einfacher Lösungen** für komplexe Probleme; Schwarz-Weiß-Denken
  - Fokus auf „Führungspersonen“ und auf <u>ein</u> emotionalisierbares Thema (z. B. Migration)
  - Nutzung der immer gleichen Frames (z. B. „Die Flüchtlinge...!“), insb. **negativer Frames**
  - **drastische**, auf Gefühle ausgerichtete **Rhetorik** und **plakative, polarisierende Sprache**
  - direkte Ansprache, um Publikumsnähe herzustellen, und Erzeugung eines Wir-Gefühls
- soziale Medien als Stütze des Populismus: direkte Kommunikation mit „dem Volk“

Auf einen Blick

„Was wir über die Gesellschaft, ja über die Welt, in der wir leben, wissen, wissen wir durch die Massenmedien." (Niklas Luhmann)

SOZIALE MEDIEN / INTERNET

- kostenlos, schnell, verfügbar
- interaktiv
- Möglichkeit eines Bürgerjournalismus → demokratische Teilhabe

„Fünfte Gewalt" (Pörksen)

- digitale Öffentlichkeit als „fünfte Gewalt"
- Konnektiv statt Kollektiv
- radikaler Pluralismus
- Gefahr der „Erregungsgesellschaft" und eines „Modus der Kurzfristigkeit"

Medienkonkurrenz

KLASSISCHE MASSENMEDIEN

- vierte Gewalt im Staat
- Funktionen: Kontrolle, Meinungsbildung, Information
- Qualitätskriterien und Pressekodex

Bedeutungsverlust → wirtschaftliche Schwierigkeiten

BREAKING NEWS

Reaktionen der Massenmedien

- Erweiterung des Angebots auf digitalen Bereich
- soziale Medien als Kanal für Aufmerksamkeitserzeugung
- Aufmerksamkeitskonkurrenz: Anpassung an den Trend der Dramatisierung bzw. Skandalisierung?
- Erklärjournalismus als neue Schwerpunktsetzung?

Die klassischen Massenmedien

- klassische Aufgaben der Massenmedien (Fernsehen, Rundfunk, Presse) und des Journalismus in der Demokratie:
  - **Kontrollfunktion:** Kontrolle und Kritik der Mächtigen
  - **Meinungsbildungsfunktion:** Anstoßen von Debatten und Meinungsbildung
  - **Informationsfunktion:** Aufklären über politische, soziale, kulturelle Fakten und Hintergründe

  → Journalismus eigentlich als **vierte Gewalt** im demokratischen Staat (neben Legislative, Judikative, Exekutive): gesellschaftliches Korrektiv
- Journalismus mit verschiedenen Qualitätskriterien, die zum einen die inhaltliche Seite (z. B. Kriterien „Aktualität", „Originalität"), aber auch die (sprachliche) Darstellungsform betreffen (z. B. Kriterien „Objektivität", „Verständlichkeit")
- **Pressekodex** als Form der freiwilligen Selbstkontrolle der Printmedien: u. a. Verpflichtung zu Wahrhaftigkeit, Sorgfalt, Schutz der Persönlichkeitsrechte, Diskriminierungslosigkeit
- Deutschland als Mediendemokratie: demokratischer Staat, in dem Medien eine tragende Rolle bei der öffentlichen Meinungsbildung spielen
- Folge der großen Bedeutung der Medien: Tendenz zur **Darstellungspolitik** (vs. Entscheidungspolitik) mit zunehmender **Inszenierung** des politischen Diskurses → die Positionen müssen der Bevölkerung „verkauft" werden (z. B. in TV-Debatten)
- u. a. Frage, inwiefern Massenmedien durch ihre Themensetzungen („Agenda-Setting") oder auch durch ihre Art der Berichterstattung **Einfluss** nehmen (wollen)

Medienwandel und Journalismus

Der Medienwandel der letzten Jahrzehnte

- Medienwandel innerhalb der letzten drei Jahrzehnte: Neben die klassischen Massenmedien sind zunehmend das **Internet** und heutzutage insbesondere die **sozialen Medien** getreten
- vielfältiges, **kostenloses Angebot im Internet**, um sich zu informieren, Texte und Meldungen zu veröffentlichen, sich dialogisch auszutauschen **(Interaktion)** → **Ergänzung zu klassischem Journalismus**, der über Neue Medien auch ein größeres Publikum erreichen kann

- Vorzüge der Nachrichtenverbreitung via Internet: große **Geschwindigkeit** und **Aktualität**; hohe Verfügbarkeit; Unabhängigkeit von Printmedien, Kiosk etc.
- Möglichkeit des **Bürgerjournalismus: Jeder** kann **journalistisch tätig** werden, seine Texte im Netz publizieren oder Artikel kommentieren → Individuum nicht mehr nur Konsument, sondern Sender von Informationen („Web 2.0"; „Produser"); **demokratische Teilhabe** an Meinungsbildungsprozess; many-to-many-Kommunikation (nicht mehr linear und one-to-many)

Auswirkungen des Medienwandels auf den Journalismus

- **Verlust des Informationsmonopols:** Journalisten und Journalistinnen nicht mehr „Gatekeeper" (Türhüter), die bestimmen und auswählen, worüber berichtet wird → ggf. neue Rolle als „Gatewatcher", der Kommunikation lenkt, oder als „Barkeeper", der „Nachrichten-Cocktail" (Jochen Hörisch) mixt und gehaltvolle Zusammenstellungen von Nachrichten liefert
- Journalismus in der **Medienkonkurrenz:**
  - Bedeutungsverlust des klassischen Journalismus (insbesondere der Presse) → schwierige **wirtschaftliche Lage** von Presseunternehmen („Zeitungssterben")
  - Erweiterung des Angebots auf den digitalen Bereich
  - mangelnde Bereitschaft der Leserschaft, für digitale Inhalte zu bezahlen (Paywalls)
  - soziale Medien als Kanäle, über die der Journalismus Aufmerksamkeit für seine Inhalte bzw. medialen Angebote erzeugt
  - Folgen der Aufmerksamkeitskonkurrenz: Gefahr, dass sich der Journalismus dem Trend zur **Dramatisierung** und **Skandalisierung** in den sozialen Medien anpasst („Brüllwettbewerb"); inflationäre Eilmeldungen (→ Verärgerung der Leser*innen); Schnelligkeit als Qualitätskriterium (→ Veröffentlichung von ungeprüften News; ABER: Nachhaltigkeit von Publikationen im Netz)
  - **Erklärjournalismus** als mögliche Schwerpunktsetzung: Beleuchten von Hintergründen statt lediglich Vermittlung von „News"
- Wandel der Kommunikation: Kritik kaum noch über Leserbriefe, die redaktionell gefiltert werden, sondern über **Kommentare unter Artikeln** (oder auch über soziale Netzwerke), bei denen lediglich die Einhaltung der Richtlinien kontrolliert wird → häufig wenig konstruktiver Ton, nicht durchdachte Äußerungen oder auch bewusstes „Ausleben" von Aggressionen

Die „fünfte Gewalt" – die Macht der Vielen

- These der **„fünften Gewalt"** (nach Bernhard Pörksen) → neben die drei Staatsgewalten (Legislative, Exekutive, Judikative) und die vierte Gewalt (Massenmedien) sei als fünfte Gewalt die digitale Öffentlichkeit v. a. in sozialen Medien getreten – getragen von der Masse von Einzelnutzern
- Vernetzung als zentrales Prinzip: **„Konnektiv"** (von engl. *connect*: „verbinden") statt Kollektiv
- spontane Selbstorganisation statt gelenkter Fremdorganisation
- radikaler **Pluralismus:** Vielgestaltigkeit, keine einheitliche Ideologie
  - **Potenzial zum Guten** → z. B. Aufdeckung von Missständen, Plagiatsenthüllung, Thematisierung von Sexismus
  - **Potenzial zum Schlechten** → z. B. Mobbing, „Shitstorms", Fake News
- mögliche Probleme:
  - Entwicklung hin zu einer **„Erregungsgesellschaft"** (Pörksen), in der oft v. a. „laute" und polarisierende Äußerungen den Diskurs bestimmen → Aufmerksamkeitskonkurrenz
  - Tendenz zu einem „Modus der Kurzfristigkeit" (Pörksen) statt Blick für langfristige Probleme
- mögliche Vorteile: **Demokratisierung** der politisch-gesellschaftlichen Kommunikation durch „fünfte Gewalt", indem die Sender-Empfänger-Hierarchie aufgelöst ist

Auf einen Blick

YouTube als Diskurs-Plattform

- meist direkte Kommunikation
- z. T. konzeptionelle Schriftlichkeit, oft aber auch spontane Äußerungen (eher einfache Sprache)
- Sprache: Begrüßungsformel, direkte Ansprache, Anschlusskommunikation

Hatespeech

- oft Fremdenfeindlichkeit, Antisemitismus, Homophobie
- Muster: Falschaussagen, Stereotype, Wir-/Die-Rhetorik etc.
- mögliche Gegenmaßnahmen: Pflicht zur Löschung von Hatespeech; Verpflichtung zu Klarnamen; Strafverfolgung

Hatespeech kann teuer werden: 2021 musste ein 25-Jähriger eine Strafe von 5 400 € zahlen, weil er im Internet den Hanauer Bürgermeister beleidigt und bedroht hatte.

Kommunikation bei Twitter

- Gefahren: Unterkomplexität, misslingende Kommunikation, Skandalisierungspotenzial
- schnelle Meinungsbildungsprozesse
- Sprache: Kürze, Tendenz zu konzeptioneller Mündlichkeit, Emojis und Emoticons

Fake News

- Fake News: meist Ziel der Manipulation
- sprachliche Merkmale: polarisierende, stark wertende Sprache, direkte Adressierung des Publikums
- Notwendigkeit eines kritischen Umgangs mit Internetmeldungen

Besonderheiten der Internetkommunikation

- **Übermenge** an Informationen und Meldungen im Internet – meist **ohne Filterung, Gewichtung, Einordnung** (z. B. durch professionelle Journalistinnen und Journalisten)
- Phänomen „**Clickbaiting**" (von engl. *bait*: ködern): Erhöhung der Klickzahlen mithilfe übertreibender, reißerischer Überschriften, die Neugier erzeugen, aber vom Inhalt kaum gedeckt sind
- Trolle: Internetnutzer*innen, die die Onlinekommunikation (Foren, Kommentare etc.) gezielt mithilfe von provokanten, oft radikalen Beiträgen stören, teilweise mit politischer Agenda
- Social Bots, die automatisiert bestimmte Meldungen in den sozialen Medien „pushen"
- Internet als Medium der Einflussnahme durch Organisationen, Parteien, politische Systeme etc.: Nutzung der „fünften Gewalt" zur (politischen u. interessegeleiteten) Meinungssteuerung
- Mikrotargeting: zielgenaue Ausrichtung der Inhalte und der verwendeten Sprache auf bestimmte Gruppen (über soziale Medien) → Tendenz zur Verfestigung bestehender Meinungen
- Problem der **Filterblasen** durch **Algorithmen:** Ableitung von Leseinteressen aus dem Lese-/Klickverhalten → Grundlage für Vorschläge weiterer Beiträge mit gleicher Tendenz → Verstärkung der eigenen Haltung, weil Gegenmeinungen/-argumente kaum mehr ins Blickfeld rücken
- Memes: insb. witzige Bild-Text-/Video-Text-Kombinationen, die sich in sozialen Netzwerken schnell verbreiten → oft zur Unterhaltung, aber z. T. auch als Mittel der Meinungsäußerung (oft in ironisch-satirischer Form) – ABER: auch als Mittel politischer Beeinflussung genutzt

Fake News

- Fake News (= „gefälschte Nachrichten"): Falschnachrichten, die in der Regel mit Täuschungsabsicht in Umlauf gebracht werden (weitere Begriffe: Hoax, Desinformation)
- auch im klassischen Journalismus möglich, aber insbesondere ein Problem der Digitalisierung
- meist Ziel der Manipulation, insb. zu brisanten Themen (z. B. Flüchtlingskrise, Coronapolitik) – teilweise auch zu propagandistischen Zwecken
- sprachliche Merkmale im Unterschied zu journalistischen Meldungen: polarisierende, stark wertende Aussagen und direkte Adressierung der Rezipienten und Rezipientinnen
- Notwendigkeit eines kritischen Umgangs mit Meldungen im Internet: z. B. Quellenprüfung; aufmerksamer Blick für die Machart (u. a.: Belege und deren Qualität); Abgleich mit anderen Meldungen zum gleichen Thema; Nutzung von Faktenchecks (z. B. *Correctiv*, *Mimikama*)

YouTube als Plattform für öffentlich-politischen Diskurs

- große Breite: von fundierter Politikkritik bis hin zu Verschwörungserzählungen
- meist direkte Kommunikation mit Publikum (vs. Fernsehen: meist Kommunikation zwischen zwei / mehreren Personen, z. B. bei Polit-Talkshows)
- z. T. konzeptionelle Schriftlichkeit (z. B. bei Vortrag schriftlich ausformulierter Texte), oft aber auch spontane mündliche Äußerungen (→ insb. dann eher einfache Sprache)
- häufige sprachliche Merkmale: spezifische Begrüßungsformel / Einleitung, die neugierig macht; direkte Ansprache der Zuschauerschaft; oft Anregung zur Anschlusskommunikation („Schreibt mal in die Kommentare …"), insbesondere am Ende der Videos; oft eher jugendlich-lockere Sprache (→ Ausrichtung auf meist jüngeres Publikum)

Sprache und Kommunikation auf Twitter

- Beschränkung auf geringe Anzahl von 280 Zeichen pro Tweet:
  - Reduzierung auf wesentliche, z. T. einfache Aussagen → ggf. Gefahr von Unterkomplexität
  - häufig telegrammartiger Stil → dadurch ggf. Gefahr von misslingender Kommunikation
  - Notwendigkeit, schnell auf den Punkt zu kommen
- „Gefällt mir"-Markierungen: unmittelbare Signalisierung von Zustimmung über einen Button → Förderung von Bewertungen ohne weitere Differenzierungen → Polarisierung
- große Geschwindigkeit der Verbreitung – digitale Kommunikation quasi in Echtzeit:
  - Möglichkeit schneller Meinungsbildungsprozesse, zugleich aber Gefahr von Vereinfachungen, überhasteten Kommentaren, „Shitstorms" etc. → großes Skandalisierungspotenzial
  - Kurznachrichten können durch Weiterverbreitung ungewollte Reichweite entfalten
- Merkmale der Sprache auf Twitter (wie z. T. auch bei anderen Digitaldiensten, z. B. WhatsApp):
  - Verwendung von **Emojis** (und Emoticons) als bildliche Elemente in der Schriftkommunikation → insbesondere zur schnellen Mitteilung von **Gefühlen** oder **Bewertungen**
  - Tendenz zu **konzeptioneller Mündlichkeit**, d. h. zur Verwendung von mündlichen Sprachmustern im schriftlichen Medium: Umgangssprache, Verkürzungen (z. B. *Hab nen Eis gegessen*), Akronyme (z. B. *lol*), Inflektive aus Comicsprache (z. B. *seufz*), Großschreibung zur Betonung etc.

Phänomen Hatespeech

- Hatespeech = **Hassrede:** Äußerungen, die Menschen im Internet abwerten oder angreifen und zu Hass und Gewalt gegen bestimmte Personen(gruppen) aufrufen
- **verschiedene Hintergründe** (z. B. Fremdenfeindlichkeit, Antisemitismus, Homophobie)
- **Muster von Hatespeech:** bewusste Verbreitung von falschen Aussagen, Stereotypen und Vorurteilen, Tarnung als Humor/Ironie, Wir-/Die-Rhetorik, Verschwörungstheorien
- **oft nicht von Meinungsfreiheit** gedeckt (Volksverhetzung, Beleidigung, Aufruf zu Straftat …)
- Hass-Äußerungen **kein reines Netzphänomen**, aber **Enthemmungseffekt** des Internets, da sich Hass schnell, einfach und anonym verbreiten kann und da ein direktes Gegenüber fehlt
- **Folgen von Hatespeech:**
  - Hatespeech als Nährboden für reale Übergriffe
  - **Verzerrung des Meinungsbilds** im Netz und Polarisierung → schweigende, unsichtbare Mehrheit wird nicht mehr wahrgenommen → Verzerrung und Vereinfachung von Tatsachen
- diskutierte Gegenmaßnahmen: **Verpflichtung** für Portale/soziale Netzwerke, Hatespeech zu **löschen**; Verpflichtung zu **Klarnamen** im Internet (vs. Anonymität); konsequente **Strafverfolgung**, höhere Strafen; **Sensibilisierung** für Funktionsweise und Folgen von Hatespeech

Auf einen Blick

Gefahr für den Flirt! Für die Autorin Sibylle Lewitscharoff sind gendergerecht flirtende Männer „so erotisch wie eine Blindschleiche".

Leichte Sprache – Ziel: Barrierefreiheit

PRO
- Integration und gesellschaftliche Teilhabe
- mehr Gleichberechtigung
- reibungslosere Kommunikation

KONTRA
- Verstärkung von Ausgrenzung
- Verminderung der Ausdrucksfähigkeit
- Beeinträchtigung des Inhalts

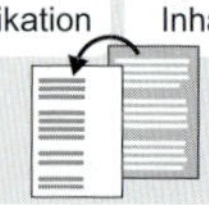

Politisch korrekte Sprache – Ziel: insb. Diskriminierungsfreiheit

PRO
- Beeinflussung des Denkens durch Sprache
- gegen Tradierung von Stereotypen
- Vermeidung von Diskriminierungsgefühlen bei Betroffenen

KONTRA
- keine Veränderung der Wirklichkeit durch politisch korrekte Begriffe
- Eingriff in freie Rede („Sprachpolizei")
- übertriebener Minderheitenschutz
- Vorwurf der Ideologisierung der Sprache

Gendergerechte Sprache – Ziel: mehr Gleichberechtigung

PRO
- Beeinflussung des Denkens durch Sprache
- mehr Gleichberechtigung
- Einbeziehen aller Menschen

KONTRA
- Verkomplizierung der Sprache
- keine Auswirkung auf nichtsprachliche Ungerechtigkeiten
- Erzeugung von Unwillen und dadurch Widerstand

Leichte Sprache in der behördlichen Kommunikation

- Diskussion, ob **behördliche Kommunikation** (Internetseiten, Wahlbenachrichtigungen, Formulare etc.) verbindlich auch in „Leichter Sprache" angeboten werden soll
- **Leichte Sprache** = Sprache mit bestimmten **Regeln**, die dem Prinzip der **besonders leichten Verständlichkeit** verpflichtet sind (kurze Sätze, keine Passivsätze, nur 1 Aussage pro Satz, kein Konjunktiv, einfache Satzstruktur mit den Satzgliedern Subjekt, Prädikat, Objekt etc.)
- Ziel: Ansprache von Menschen, die die **Sprache schlechter beherrschen** → **Barrierefreiheit**
- kommunikationstheoretisch: **Ausrichtung der Botschaft auf den Empfänger**, um gelingende Kommunikation zu sichern; Veränderung der dominant-komplementären **Sender-Empfänger-Beziehung** in Richtung einer **inklusiv-symmetrischen Beziehung**
- **Pro-Argumente:**
  - **gesellschaftliche Teilhabe und Integration** von Menschen mit Sprachschwierigkeiten → mehr Selbstbestimmung (z. B. bei Informationssuche)
  - **Verringerung** sozialer Ungleichheit
  - **weniger Aufwand** und **reibungsloserer Ablauf** bei bestimmten Vorgängen, z. B. wenn behördliche Mitteilungen oder Formulare dadurch weniger der Erklärung bedürfen
  - kein Nachteil für Menschen, die die Sprache gut beherrschen
- **Kontra-Argumente:**
  - Behinderung der kognitiven und sprachlichen Entwicklungsmöglichkeiten durch Fokus auf die Leichte Sprache → ungewollte **Verstärkung von Ausgrenzung**
  - **Verminderung** von sprachlicher **Ausdrucks- und Differenzierungsfähigkeit**
  - durch sprachliche Vereinfachung immer auch **Beeinträchtigung des Inhalts**

Politisch korrekte Sprache

- **Political Correctness** (laut Duden): Einstellung, die alle diskriminierenden Ausdrucksweisen und Handlungen ablehnt
- **diskriminierende**, mit negativen Assoziationen verbundene **Bezeichnungen** (auch **Slurs** genannt) mit Bezug auf mehr oder weniger genau definierte Bevölkerungsgruppe, z. B. „Zigeuner"
- **Schimpfwörter/Beleidigungen:** Angriff auf positives Selbstbild des Gegenübers

- **Tabuwörter:** Wörter mit Bezug zu Lebensbereichen, die mit gesellschaftlichen Tabus belegt sind, z. B. Körperfunktionen, Geschlechtsorgane und sexuelle Handlungen, Krankheiten und Tod → meist **ersetzt durch klinische Ausdrücke oder euphemistische Umschreibungen**
- Argumente von **Befürwortern** politisch korrekter Sprache:
  - **Beeinflussung** des **Bewusstseins**/des **Denkens** durch Sprache
  - Maßnahme gegen Tradierung von (z. B. rassistischen) **Stereotypen**
  - Vermeidung von Diskriminierungsgefühlen bei Betroffenen
- Argumente von **Kritikern** politisch korrekter Sprache:
  - keine Veränderung der Wirklichkeit durch ersetzende Begriffe, stattdessen oft sogar **Verharmlosung gesellschaftlicher Missstände** unter Deckmantel mildernder Benennung
  - **Eingriff in freie Rede** („Sprachpolizei") und Vorwurf der **Ideologisierung** der Sprache
  - übertriebener Schutz von Minderheiten sorge überhaupt erst für Diskriminierung
- Frage nach dem Umgang mit diskriminierenden Wörtern in **Kinderbuchklassikern** (z. B. mit dem rassistischen Wort „Neger"):
  - **Gefahr** der unbewussten Übernahme diskriminierender Ausdrücke durch Kinder → Forderung, die diskriminierenden Begriffe durch **nicht-diskriminierende Begriffe zu ersetzen**
  - Gegenargumente: Eingriff in Literatur, obwohl mit Begriffen im Kontext keine Diskriminierung verbunden wird; Gefahr der Enthistorisierung (= Verdecken des geschichtlichen Kontextes, in dem das Werk entstanden ist) → Alternative: **Auseinandersetzung mit Kindern** über Sprachwandel, z. B. mithilfe von **Erläuterungen** im Buch
- „**Cancel Culture**": politisches Schlagwort für den Ausschluss bestimmter Personen oder Organisationen aus der Öffentlichkeit wegen eines Fehlverhaltens, insbesondere wegen politisch nicht korrekter Aussagen → Vorwurf der Zensur bzw. der Beschneidung der Meinungsfreiheit

Gendergerechte Sprache

- **Ziel: Gleichberechtigung** in der Sprache durch **Sichtbarmachung** (explizite Nennung der Geschlechter) oder **Neutralisierung** (Vermeidung eines Bezugs zum biologischen Geschlecht)
  - **Möglichkeiten der Sichtbarmachung** (Beispiele): Schrägstrich (*Sportler/-innen*); Binnen-I (*ArbeiterInnen*); Paarform (*Lehrerinnen und Lehrer*); Sternchen und Unterstrich (*Schüler*innen*, *Schüler_innen* → auch nichtbinäre Menschen werden sichtbar gemacht)
  - **Möglichkeiten der Neutralisierung** (Beispiele): substantivierte Partizipien (*Studierende*), geschlechtsindifferente Ausdrücke (*Lehrkräfte*)
- **Pro-Argumente:**
  - **Beeinflussung des Denkens** und damit der Wirklichkeit durch die Sprache → alleinige Nennung der männlichen Form („generisches Maskulinum") erzeuge falsches Bild in den Köpfen
  - **Förderung** der im Grundgesetz verankerten **Gleichberechtigung** → explizite Ansprache aller gemeinten Personen, anstatt Frauen (und auch nichtbinäre Menschen) nur „mitzumeinen"
- **Kontra-Argumente:**
  - **Verkomplizierung** der Sprache und **Störung des Leseflusses**
  - teilweise **Widerspruch zu amtlichen Rechtschreibregeln**
  - keine Aufhebung der Benachteiligung allein durch sprachliche Gleichberechtigung, ggf. sogar **Verschleierung** weiterhin bestehender **Ungerechtigkeiten** (Vorwurf der Symbolpolitik)
  - kontraproduktive Wirkung von Formulierungsvorgaben, die **Unwillen** erzeugen
- **kreative Formen des gendergerechten Formulierens** zur Vermeidung komplizierter Wendungen, die den Lesefluss stören, z. B. Umschreibungen mit Relativsatz (*Wer Fahrrad fährt, sollte einen Helm tragen.*), Passivkonstruktionen (*Die Medaillen werden später verliehen.*)

Auf einen Blick

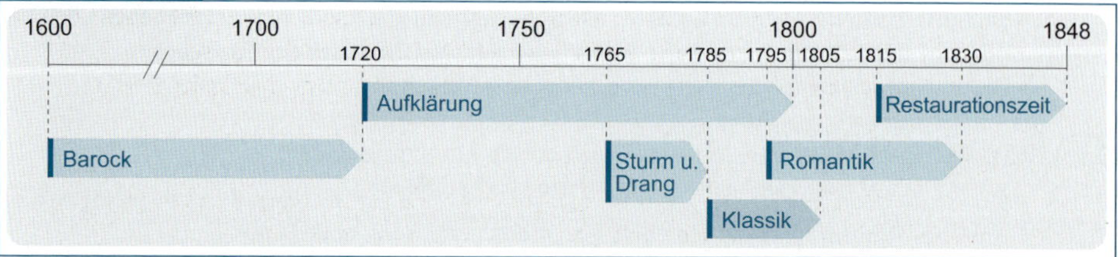

Barock (ca. 1600–1720)

- **Hintergründe:** Entwicklung der modernen Wissenschaften; Aufblühen des Humanismus; Absolutismus mit extremen sozialen Spannungen; große Religiosität und Religionskonflikte; **Dreißigjähriger Krieg** mit verheerenden Auswirkungen
- **Vanitas** (lat. leerer Schein, Nichtigkeit, Eitelkeit) als Zentralmotiv → **Memento mori** (lat. Gedenke des Todes): Abkehr von der Welt / Konzentration auf das Jenseits oder **Carpe diem** (lat. Genieße den Tag): Genuss des flüchtigen Moments → Streben nach Ordnung in Form und Inhalt
- starkes Formbewusstsein, **Dominanz geregelter Formen** (z. B. **Sonett** mit Alexandriner, um antithetisches Denken auszudrücken); **Regelpoetik:** poetisches Schreiben ausgehend von Regeln
- Lyrik als dominierende Gattung, aber auch Drama (Tragödien mit mythologischen Stoffen) und Epik (v. a. Schäfer- und Schelmenroman)
- vorherrschende Themen: **Krieg**, **Tod**, **Vergänglichkeit**, Religion und Scheinwelt

Aufklärung (ca. 1720–1800)

- **Hintergründe:** (aufgeklärter) Absolutismus; Säkularisierung und Deismus (rationaler Zugang zu Gott); Aufstieg des Bürgertums
- Orientierung an der menschlichen **Vernunft** → distanziertes Verhältnis zu Emotionen → **Empfindsamkeit** mit Aufwertung des Gefühls **als Gegenbewegung**
- **autonomes Individuum** mit Menschenrechten im Zentrum → **Toleranz** als zentraler Wert
- Themen: Ständekritik, Toleranz, Bildung, **Humanität**, **Erkenntnisfähigkeit** des Menschen
- Stilideal der Klarheit und Verständlichkeit
- **lehrhafte Kurzformen** der fiktionalen Literatur: Fabel, Parabel, Lehrgedicht, Epigramm, Ode und Fortsetzungsroman → Literatur soll nützlich sein

Sturm und Drang (ca. 1765–1785)

- **Hintergründe:** große soziale Ungerechtigkeit; absolutistische Machtpolitik und Fürstenwillkür → Aufbegehren der jungen Generation
- **starker Subjektivismus** mit Mensch als erlebendem und empfindendem Subjekt im Mittelpunkt → **Gefühlskult und Aufbruchsstimmung**
- Aufwertung der Emotionalität als **Gegenbewegung zum Rationalismus der Aufklärung**
- jugendliche **Protestbewegung**, die Fürstenwillkür, soziale Ungleichheit, materielle Not und rigide Moralvorstellungen anprangert
- Autonomie des Künstlers und seines Kunstwerkes → **Geniekult**, **Schöpfergedanke**
- Abkehr von Regelpoetiken → **Leidenschaftlichkeit der Sprache:** Ausrufe, Hyperbeln, Metaphern, Kraftausdrücke und Neologismen

- Themen: **Herz**, Natur, Freundschaft, **Liebe**, **Freiheit**, politischer Widerstand, Gerechtigkeit
- **Erlebnislyrik:** Wiedergabe der unmittelbaren Empfindungen des lyrischen Ich in freien Rhythmen, reimlosen Versen und hohem Pathos, aber auch in Einfachheit des Volkslieds
- freiere Formen (z. B. offenes Drama), Briefroman zur Ausgestaltung individuellen Erlebens

Klassik (ca. 1786–1805)

- **Hintergründe:** Französische Revolution mit Terrorherrschaft; „Musenhof" unter Herzogin Anna Amalia in **Weimar** (Zusammenarbeit von **Goethe und Schiller**)
- Leitgedanken: **Harmonie**, Ausgleich der Gegensätze, **Würde**, **Humanität**, Toleranz, Selbstbestimmung, Beherrschung und Mäßigung (*Edle Einfalt, stille Größe*)
- **Ideal des Guten, Wahren und Schönen** → Forderung nach ethischer Vervollkommnung durch Orientierung an der Antike → **Erziehung des Menschen** als Aufgabe der Kunst
- überzeitliches **Humanitätsideal** → historische Umstände, Alltagssprache oder politisches Ideal spielen keine Rolle → Vorwurf an Klassik, bestehende Verhältnisse zu stützen
- Themen: Humanität, Freiheitsidee, Harmonie von Pflicht und Neigung
- Ideal der **Formstrenge:** harmonische Verbindung von Inhalt, Sprache und Aufbau
- Lyrik: klassische Formen (z. B. Elegien und Epigramme), Drama: metrisch gebundene Sprache, hoher Stil, geschlossene Form, historische/antike Stoffe, Epik: Bildungsroman

Romantik (ca. 1795–1830)

- **Hintergründe:** Französische Revolution mit Terrorherrschaft; zunehmendes Nationalbewusstsein durch Kriege gegen Napoleon
- Idee der Abhängigkeit des Menschen von einem Absoluten oder Unendlichen → Wiederannäherung an religiöse Denkformen → Poesie als Medium des Absoluten (**Universalpoesie**, in der alle Gattungen und Künste vereint sind) → Streben nach **Gesamtkunstwerk**
- Blick nach innen → **„Blaue Blume"** als Symbol für metaphysische **Sehnsucht nach dem Fernen und Unerreichbaren** sowie den eigentlichen Seinszusammenhängen
- Themen und Motive: Natur als Bereich des Unendlichen, **Sehnsucht**, **Traum**, **Wahnsinn**, Entgrenzung, Einsamkeit, Vergänglichkeit, Reisen, Wandern, Nacht, Fantastisches
- Idealisierung des Mittelalters und aufkommendes Nationalbewusstsein → Interesse an Volksdichtung, z. B. **Volkslied, Märchen** → leichte Verständlichkeit, Wohlklang, „musikalische" Sprache
- Anschreiben **gegen Philistertum und Bürgerlichkeit**
- **„romantische Ironie":** Aufzeigen der Unerreichbarkeit des Absoluten durch Texte, die sich selbst und ihre Entstehungsbedingungen reflektieren oder kommentieren
- Roman als universale Form, in der Lyrik enthalten ist (kaum Dramen)

Restaurationszeit (ca. 1815–1848)

- Hintergründe: Wiener Kongress 1815 und Restaurationspolitik; **Märzrevolution** 1848 – zunehmende Einschränkung der Freiheit, Zensur → verschiedene Strömungen: **Biedermeier** (Resignation, Rückzug ins Private), **Vormärz** und **Junges Deutschland** (politisches Aufbegehren)
- rationale Haltung und Orientierung an Fakten → Abkehr von der Romantik
- Themen des Biedermeier: **Familie**, **Ordnung**, **Beschaulichkeit**, Idylle → **heile poetische Welt**
- Themen des Vormärz, des Jungen Deutschlands: **soziale und politische Missstände** → **Kampf gegen soziales Elend und Unterdrückung** als Aufgabe der Literatur
- Veröffentlichungen in Zeitungen und Zeitschriften → vorwiegend kleinere literarische Formen

Auf einen Blick

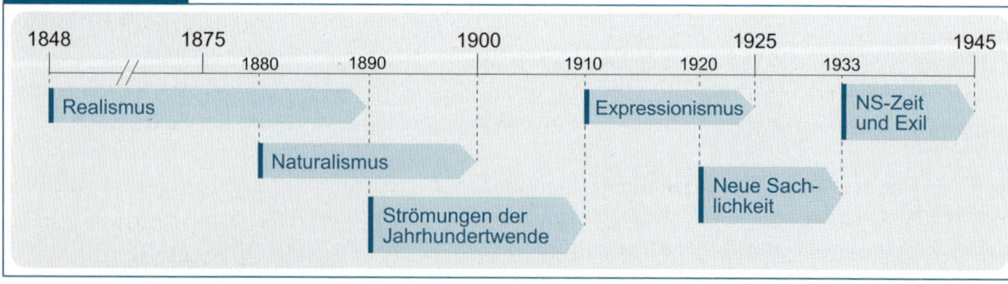

Realismus (ca. 1848–1890)

- Hintergründe: Scheitern der Revolution von 1848; Gründung des Deutschen Kaiserreichs 1871 → preußischer Militarismus; Bürgertum als führende Schicht; Verschärfung der Sozialen Frage durch Industrialisierung; Verstädterung → **Orientierungslosigkeit** durch Verlust von Normen
- **„objektive" Darstellung** der unmittelbaren Lebenswelt, aber **Ausklammerung des Hässlichen/Niederen** sowie der Sozialen Frage → **Poetisierung** der Wirklichkeit
- Bürgertum als tragende Schicht → Darstellung **bürgerlichen Milieus und Ideale,** aber auch **historische Stoffe** mit überzeitlichem Geltungsanspruch → Streben nach Nationalliteratur
- Themen: Liebe, Vergänglichkeit, Heimat, Naturerleben
- Entstehung eines Literaturmarktes → Verbreiterung der Leserschaft → **Unterhaltungsliteratur**
- Roman und Novelle als zentrale Gattungen; in der Lyrik v. a. Balladen
- Stil: gewählte, **neutrale Sprache; Humor und Ironie**

Naturalismus (ca. 1880–1900)

- Hintergründe: **Milieutheorie = Mensch als Produkt der ihn umgebenden Verhältnisse:** Vererbung, Milieu, historische Umstände; **Industrialisierung und Proletarisierung** → Verschärfung der Sozialen Frage, Anwachsen der Großstädte zu Metropolen
- **radikalisierter, konsequenter Realismus** mit Wegfall der verklärenden Poetisierung → Blick auf **hässliche Wirklichkeit sozialen Elends** und Kritik an sozialen Verhältnissen
- „Kunst = Natur – X" (A. Holz): **möglichst Entsprechung von Kunst und Natur**, Faktor X (Autor und seine Subjektivität) soll möglichst klein sein
- Themen: **Armenmilieus**, **Familienprobleme** unterer Schichten, **Doppelmoral**, **Großstadt**, dunkle und hässliche Seiten des Lebens, Kriminalität, Geisteskrankheit, Alkoholismus
- **sozialkritisches Drama** als bedeutendste Gattung
- präzises Beobachten, **Sekundenstil** (Erzählzeit = erzählter Zeit), natürliche Sprache (z. B. Dialekt)

Strömungen der Jahrhundertwende (ca. 1890–1910)

- Hintergründe: Infragestellen der Selbstbestimmtheit des Menschen durch die **Psychoanalyse**; starrer Wilhelminismus → Entstehung eines grundlegenden **Krisenbewusstseins** → Strömungen des **Impressionismus und Symbolismus** als Weg nach innen mit quasireligiöser Aufladung
- Idee einer reinen, sich selbst genügenden Kunst („l'art pour l'art") als **Gegenströmung zum Naturalismus** → **keine politische Funktion der Kunst**, sondern Flucht in eine Gegenwelt
- Träger: großbürgerliche Bohème, die sich in Kaffeehäusern selbst feiert
- **Impressionismus:** Wiedergabe eines subjektiven Sinneseindrucks mit höchster Intensität

- **Symbolismus:** Absolutheitsanspruch der Kunst, gegen Abbildungsfunktion der Kunst gerichtet
- Themen: **Abgrenzung zum naturalistischen Erfassen** der Realität, Besinnung auf das „Ich", Individualität, Subjektivität, Sprache, Kultur, Vergänglichkeit
- kürzere, zum Teil auch experimentelle Formen; **symbolische Verdichtung**, **Verfeinerung der Sprache**, Auflösung traditioneller Formen, **Bewusstseinsstrom**, innerer Monolog, erlebte Rede

Expressionismus (ca. 1910–1925)

- Hintergründe: **Verstädterung** und Anonymisierung, technischer Fortschritt, erstarrte wilhelminische Gesellschaft → verschärftes Krisenbewusstsein, **Sinnkrise**, Erster Weltkrieg
- Pathos des Aufbruchs und unbedingter Wille zum **Ausdruck des Erlebens**
- Bedrohung des Subjekts durch **Ich-Zerfall** → Darstellung des Körpers in Verfallszuständen
- pathetische **Beschwörung eines neuen Menschen**, der Liebe und Verbrüderung lebt („**O-Mensch!"-Expressionismus**)
- **Großstadt** (v. a. Berlin) als Ort der Reizüberflutung, Orientierungslosigkeit und Anonymität
- Erfahrung der Verhältnisse des Kaiserreichs als verkrustet → **Kriegsbegeisterung** bei einigen Autoren – nach Kriegserfahrung häufig **Pazifismus** und Verarbeitung der Erlebnisse
- Themen: Lebens- und Vitalkult, **Krieg** und Pazifismus, **Weltende und Apokalypse**, Krise des Ich, Tabus (Ästhetik des Hässlichen: Geisteskrankheit, Prostitution, Verbrechen), **Großstadt**
- **Lyrik** als präsenteste Gattung → **Reihungsstil**, elliptische Konstruktionen, Neologismen, Farbmetaphorik, Auflösung syntaktischer Regeln, Verdinglichung
- Dramatik: **Stationendrama** (lose Szenenfolge), **Wandlungsdrama** (Wandlung eines Einzelnen)

Neue Sachlichkeit (ca. 1920–1933)

- Hintergründe: von vielen abgelehnte Weimarer Republik; wirtschaftliche Schwierigkeiten aufgrund von Reparationslasten; „Goldene Zwanziger" mit kultureller Vielfalt
- dezidierte **Abkehr vom Expressionismus** und Hinwendung zur **Lebensrealität** mit ihren sozialen und wirtschaftlichen Verhältnissen und zum **sachlich-nüchternen Schreiben**
- Bewusstsein von Desillusionierung und Übergang in eine neue Zeit (Schwellenzeit-Gefühl)
- Themen: Großstadt, Verarbeitung des Kriegs, **Probleme der „kleinen Leute"**, Alltagsleben
- **Gesellschafts- und Zeitromane**, Dokumentartheater und **Episches Theater**
- Mischung von **journalistischen, dokumentarischen und literarischen Anteilen** → kühl-distanzierte, **einfache, verständliche Sprache**

NS-Zeit und Exil (1933–1945)

- Hintergründe: **nationalsozialistische Herrschaft** mit totalitärer Durchdringung des gesamten Lebens → „**Gleichschaltung**" der Kunst und Literatur durch Bücherverbrennung, Verfolgung und Zensur; **Zweiter Weltkrieg**, Erfahrung des Exils → Freitod zahlreicher Autoren
- **NS-Literatur:** regimekonform; **Gestaltung ideologischer Motive** wie Rasse, Führertum, Deutschtum, Kampf, Gewalt, Blut-und-Boden-Ideologie → stereotype Metaphern
- **innere Emigration: getarntes Schreiben** als geistige Opposition gegen Ungeist des NS-Regimes → gehobene, oft verschlüsselte Sprache; Schreiben in europäisch-humanistischer Tradition
- **Exilliteratur:** Humanität, Opposition zur NS-Ideologie, Zeigen des „anderen" Deutschlands
- Roman vorherrschende Gattung (Reflexion der eigenen Situation), Drama nur Nebenrolle (Ausnahme: Bertolt Brecht), Verarbeitung der emotionalen Situation in der Lyrik
- Abkehr vom Stil des Expressionismus → Bevorzugung traditioneller Formen

Auf einen Blick

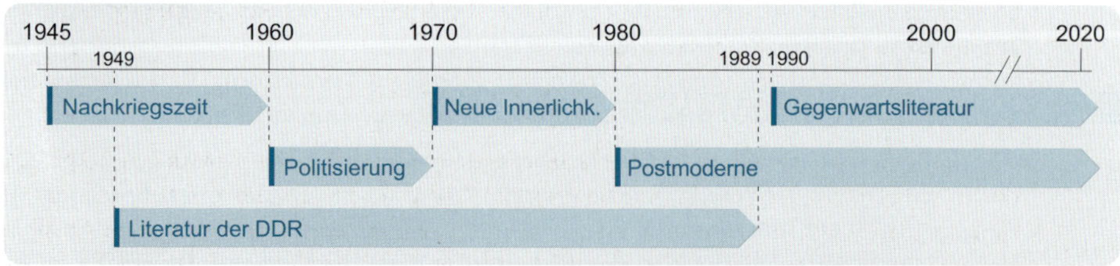

Literatur der Nachkriegszeit und des Wiederaufbaus (1945 – ca. 1960)

- Hintergründe: Ende des Zweiten Weltkriegs; **Welt in Trümmern**; „Stunde Null“; Aufteilung Deutschlands in vier Besatzungszonen; **Wiederaufbau**; Gründung der Bundesrepublik und der DDR; „Kalter Krieg“; Wirtschaftswunder; Scham, Schuld, Verdrängung angesichts der NS-Zeit
- **„Trümmerliteratur“:** Betonung der Traumatisierung durch Krieg und Zerstörung
- **„Literatur des Kahlschlags“:** Betonung des Neubeginns wegen Belastung der Sprache durch Missbrauch im NS-System → Frage, inwieweit Dichtung nach NS-Verbrechen noch möglich ist
- Themen: Schrecken des Kriegs, **Heimkehr**, Orientierungslosigkeit, Schuld, Scham, Klage und Anklage, Versuch der **Aufarbeitung der Vergangenheit**
- Aufkommen der **Kurzgeschichte**, zeitkritische Dramen, oft hermetische Lyrik mit schwer verständlichen Chiffren oder konkrete Poesie als sprachexperimentelle Lyrik
- Stilideal der **Nüchternheit**, Verzicht auf Pathos → **schmucklos-karge Sprache**, indirekte Ausdrucksformen (Parabeln, Chiffren, Gleichnisse)

Politisierung der Literatur (1960er-Jahre)

- Hintergründe: existenzielle Bedrohung durch „Kalten Krieg“ → **Angst vor einem Atomkrieg**; Vietnamkrieg → Distanzierung von den USA; Große Koalition → Entstehung der **APO** → **68er-Bewegung** als Protestbewegung mit antiautoritären und pazifistischen Zielen
- Diskussionen über Verhältnis von Literatur und Politik → Gesellschafts- und Zeitkritik als Aufgabe der Literatur → **Politisierung der Literatur**
- Themen: **gesellschaftspolitische und soziale Probleme**, **Kritik an Verdrängung der NS-Vergangenheit**, Frage nach Rolle der Eltern im NS-Staat, deutsche Teilung
- politischer Zeitroman, **Dokumentartheater**, **politische Lyrik** und experimentelle Gedichte
- Forderung von Verständlichkeit und Abkehr von jeglichen Ideologien → teilweise Auflösung der Grenzen zwischen literarischen und nicht-literarischen Formen

Neue Innerlichkeit/Neue Subjektivität (1970er-Jahre)

- Hintergründe: Rückzug vom Politischen vs. Radikalisierung (**RAF**-Terror); Entstehung der **Frauenbewegung**; Entspannung im Ost-West-Konflikt (Ostpolitik Brandts, KSZE-Schlussakte)
- **Resignation und Identitätssuche** → Aufwertung des Individuums und seiner Subjektivität → **Neue Subjektivität/Neue Innerlichkeit:** Gestaltung subjektiver Wirklichkeit und Verarbeitung innerer Erfahrung → Tendenz zu **autobiografischer Bekenntnisliteratur**
- gesellschaftskritische **feministische Literatur** mit Infragestellung traditioneller Rollenbilder
- Themen: **Selbstfindung**, **Selbsterfahrung und Innenschau**, Alltag und Beziehungen, Erleben des Einzelnen im Spannungsfeld zur Gesellschaft, Gewaltstrukturen im Geschlechterverhältnis

- Lyrik und Epik als bevorzugte Gattungen zur Darstellung von Innerlichkeit
- Streben nach **Authentizität:** Tendenz zu sprachlicher Kunstlosigkeit und Umgangssprache, zugleich emotionale und subjektive Sprache

Postmoderne (Strömung der 1980er-Jahre bis heute)

- Hintergründe: **Ökologie** als neues Thema in der Politik; allmähliche Liberalisierung des Ostblocks durch Gorbatschow; atomare, ökologische, soziale Katastrophen → neues **Krisenbewusstsein**
- zunehmende **Vielgestaltigkeit der Literatur** und Fortwirken der Tendenzen der 1970er-Jahre
- Nebeneinander verschiedener „Literaturen": Jugendliteratur, Trivialliteratur, experimentelle Literatur, gesellschaftskritische Literatur
- Annahme der Beliebigkeit von Wirklichkeit → **Infragestellen von Ideologien und Werten**
- **Konstruktivismus:** Wahrheit als gesellschaftliches Konstrukt → Pluralität von Sinnentwürfen
- Aufwertung der **Unterhaltsamkeit von Literatur** → Öffnung hin zu „Trivialgattungen" wie Schauerroman oder Kriminalroman
- Roman als bevorzugte Gattung → zahlreiche **intertextuelle Bezüge**
- Nebeneinander und **Montage verschiedener Stile und Formen**, Vorliebe für **Ironie**

Literatur der DDR (1950–1989)

- Hintergründe: Gründung der **DDR** als Teil des totalitär regierten, sozialistischen Machtblocks unter der Herrschaft der Sowjetunion; Abschottung gegenüber dem Westen; **Stasi** → Kontrolle und **Zensur**; ab 1985 Stärkung der Bürgerrechtsbewegung; 1989 friedliche Revolution/Mauerfall
- staatlich verordnete Strömung des **Sozialistischen Realismus:** antifaschistisch, antikapitalistisch, arbeiternah → Ideal des selbstlosen und leistungsbereiten Arbeiters für das Gemeinwohl
- staatlich verordnete **Aufbauliteratur** der 1950er-Jahre: Überlegenheit des Sozialismus gegenüber Faschismus/Imperialismus
- **„Bitterfelder Weg":** Arbeiter als Schriftsteller und Schriftsteller als Arbeiter → **Idealisierung des Arbeiters** in der Literatur
- staatlich kontrollierte **Ankunftsliteratur** der 1960er-Jahre: Einrichten im Sozialismus
- **nicht systemkonforme Literatur:** subversive Aussagen, die durch Anspielungen, Verschlüsselungen und Verlegungen des Stoffs in den Mythos an Zensur vorbeikommen
- Epik und Lyrik als zentrale Gattungen; Liedtexte als kritische Ausdrucksform

Tendenzen der Gegenwartsliteratur (1990 – heute)

- Hintergründe: Wiedervereinigung 1990; Vormarsch **digitaler Massenmedien** (Internet, Smartphones, E-Books, soziale Netzwerke); islamistische Terroranschläge und Kampf gegen den Terror; **Globalisierung**; Flüchtlingsproblematik; Umgang mit Daten
- **Pluralismus:** gleichberechtigtes Nebeneinander verschiedener Menschenbilder und Kulturen → Herausforderung für Literatur, komplexer werdende Welt zu verarbeiten
- **Vermarktbarkeit** als zentrales Kriterium für Literatur → zunehmende Produktion von **Unterhaltungsliteratur** bzw. von Übersetzungen aus dem Ausland
- Themen: **Identität des Einzelnen** in globalisierter Welt, Auseinandersetzung mit DDR (**Wendeliteratur**), provokante Selbstinszenierung junger Schriftsteller und Aufgreifen von Alltagsthemen (**Popliteratur**), Fremdheitserfahrung (**interkulturelle Literatur**), biografisches Schreiben
- Roman als vorherrschende Textform
- facettenreiche Sprache, die z. T. an Ausdruckskraft verliert (→ Ausrichtung auf breites Publikum)

Sachtexte

Essay

- geistreiche und sprachlich anspruchsvolle Abhandlung zu einem Thema aus z. B. Wissenschaft, Politik, Gesellschaft, Literatur, Religion (auch: Gedankenspaziergang vor den Augen des Lesers)
- ausgehend von konkreter Fragestellung werden in freier, oft unsystematischer Form Pro- und Kontrapositionen rhetorisch geschickt dargestellt, wobei persönliche Ansichten und Erlebnisse im Vordergrund stehen können
- gekennzeichnet durch Leichtigkeit, Unbefangenheit und stilistische Virtuosität, oft Verzicht auf objektive Nachweise und definitive Antworten

Glosse

- zugespitzte, wertende Anmerkung zu tagesaktuellem Thema mit abschließender Pointe
- satirische Form des Kommentars, oft zahlreiche rhetorische Mittel (z. B. Hyperbel, Ironie)

Interview

- Wiedergabe eines Frage-Antwort-Gesprächs zwischen Journalist und einer oder mehreren Personen (meist des öffentlichen Lebens, d. h. aus Film/Fernsehen, Politik, Sport usw.)
- Ziel ist z. B. Klärung eines strittigen Sachverhalts, Vorstellung einer Person, Meinungsäußerung

Kommentar

- subjektiv wertender Meinungsbeitrag zu aktuellem bzw. allgemein bekanntem Thema
- Autor (immer namentlich genannt) legt persönlichen Standpunkt sprachlich geschickt dar, versucht Leser argumentativ zu überzeugen, teils ironisch-spöttischer Stil
- beginnt meist mit Hintergrunderläuterungen zum Thema und endet mit Fazit bzw. Appell

Rede

- öffentlicher Vortrag (basierend auf schriftlichem Konzept) zu einem gesellschaftlichen, privaten oder geschäftlichen Thema, oft mit dem Ziel, Zuhörer von den eigenen Ansichten zu überzeugen
- geschickter Einsatz rhetorischer Mittel und Adressatenbezug durch direkte Ansprache

Rezension

- anschaulich und präzise formulierte Zusammenfassung und persönliche Bewertung eines Buchs, einer Theaterinszenierung oder eines Films
- Ziel: Leser informieren und ggf. Empfehlung abgeben

Epik

Fabel

- unterhaltsame Erzählung von geringem Umfang mit lehrhafter Schlusspointe
- die Handelnden sind Tiere, die für menschliche Eigenschaften stehen (z. B. Biber → Fleiß)
- endet in der Regel mit „Moral“ = Lehre für den Menschen

Kurzgeschichte

- Geschichte, die in einem Zug zu lesen ist (< 20 Seiten)
- handelt meist von alltäglichen Begebenheiten, die eine überraschende Wendung nehmen
- wenige Figuren, oftmals „Typen“ (keine Namen, übertragbar)
- in der Regel nur ein Handlungsstrang, umfasst relativ kurze Zeitspanne, kein Ortswechsel
- beginnt mit unmittelbarem Einstieg, keine Vorstellung der Figuren, rascher Handlungsverlauf (→ Höhepunkt), endet offen (d. h. mehrere Ausgänge der Handlung denkbar)

Märchen

- Ort und Zeit unbestimmt, formelhafte Sprache (*Es war einmal …*)
- Figuren/Verhalten in „gut" und „böse" einteilbar, das Gute gewinnt → belehrender Charakter
- Gegenstände und Figuren aus mittelalterlicher Gesellschaft (*Königssohn*) oder magischer Welt (*Zauberspiegel*), übernatürliches Geschehen (*Hexerei*), oft magische Zahlen (*3, 7, 12*)

Novelle

- Erzählung mittlerer Länge, in deren Mittelpunkt ein außergewöhnliches Ereignis steht
- Handlung in der Regel einsträngig mit Höhe-/Wendepunkt und geschlossenem Ende
- oft Leitmotive oder wiederkehrende Dingsymbole, Einfluss des Zufalls auf Schicksal der Figuren

Roman

- Erzählung von großem Umfang mit zahlreichen komplexen Figuren und Handlungsverläufen
- oft psychologisch ausgestaltete Hauptfigur
- zahlreiche Genres: Kriminalroman, Liebesroman, Abenteuerroman, Fantasyroman usw.

Dramatik

Komödie

- unterhaltsames, humorvolles Theaterstück, oftmals mit klassischem Aufbau (fünf Akte)
- Protagonisten geraten aufgrund ihrer Schwächen in Konflikt, der sich immer weiter verschärft
- endet mit glücklicher Auflösung des Konflikts, in der Regel gewinnen die „Guten"

Tragödie

- tragisches, emotional bewegendes Theaterstück, oft mit klassischem Aufbau (fünf Akte)
- Protagonisten geraten durch schicksalhafte Fügungen (z. B. Verlieben in die „falsche Person") oder menschliche Fehltritte in schwerwiegenden Konflikt
- endet meist mit dem dramatischen Tod des Helden/der Heldin und weiterer Figuren

Lyrik

Ballade

- Gedicht, in dem auf anschauliche, lebendige Weise eine Geschichte erzählt wird (Erzählgedicht)
- formal: Strophen, Verse, Reime, Metrum; sprachlich: oft wörtliche Rede; inhaltlich: spannender Handlungsverlauf (Themen: z. B. Liebe, Heldentaten) → vereint Lyrik, Epik und Dramatik

Lied

- sangbares Gedicht mit durchgängig der gleichen Strophenform (meist Übereinstimmung der Strophe mit einem Satz)
- alternierende Verse mit Kreuz- oder Paarreim und schlichte, gut verständliche Sprache
- oft unmittelbarer Ausdruck lyrischer Empfindungen bzw. individuellen Erlebens → besondere Beliebtheit in der Romantik

Sonett

- sprachlich und formal kunstvoll gestaltetes Gedicht
- in der Regel strenger Aufbau: zwei Quartette (Strophen aus vier Versen) gefolgt von zwei Terzetten (Strophen aus drei Versen)
- häufig inhaltlicher Gegensatz zwischen Quartetten und Terzetten, letzte Verse oft wie Pointe

Stilmittel	Beispiel
Akkumulation: Anhäufung von Wörtern ohne Nennung eines Oberbegriffs	*Sonne, Mond und Sterne*
Allegorie: systematisierte Metapher, die durch Reflexion erschließbar ist	*Justitia (Gerechtigkeit)*
Alliteration: aufeinanderfolgende Wörter mit gleichem Anlaut	*wunderbare Welt, Kind und Kegel, zehn zahme Ziegen*
Allusion: Anspielung	*Du weißt, was ich meine.*
Anapher: gleicher Anfang aufeinanderfolgender Sätze / Verse	*Gehe nach Hause. Gehe dorthin, so schnell du kannst.*
Anrede: Hinwendung an den Adressaten	*Meine Damen und Herren, …*
Antithese: einander entgegengestellte Begriffe, Bedeutungen oder Gedanken	*Ruhe auf dem Land, Lärm in der Stadt, Himmel und Hölle*
Aphorismus: knapp formulierter Sinnspruch	*Die Zeit heilt alle Wunden.*
Archaismus: veralteter sprachlicher Ausdruck	*Seid gegrüßt, holde Maid!*
Assonanz: vokalischer Gleichklang	*sobald, Obacht, Wohlklang*
Asyndeton: Reihung ohne Konjunktionen	*Er kam, sah, siegte.*
Chiasmus: Überkreuzstellung	*Der Einsatz war groß, klein war der Gewinn.*
Chiffre: Zeichen, dessen Inhalt rätselhaft und letztlich nicht zu erfassen ist	*Purpurne Seuche, Hunger, der grüne Augen zerbricht.*
Diminutiv: Verkleinerungsform	*Blümlein, Mäuschen*
Ellipse: unvollständiger Satz, fehlende Satzteile	*Je früher, desto besser.*
Enjambement: Satz greift auf nächsten Vers über	*Die Wolken fliegen / über das weite Land.*
Epipher: gleiches Ende aufeinanderfolgender Sätze / Verse	*Alle lieben den Hund. Die Nachbarn reden nur noch über diesen struppigen Hund.*
Euphemismus: beschönigende Umschreibung, Untertreibung	*Wir müssen Personal abbauen.* (anstatt: Wir müssen unseren Mitarbeitern kündigen.)
Exclamatio: Ausruf	*Hoch soll er leben!*
Geminatio: unmittelbare Wiederholung eines Wortes oder Satzteils	*Geh, geh!*
Hyperbel: sehr starke Übertreibung	*Ich warte hier schon drei Millionen Jahre auf dich.*
Inversion: Abweichung von normaler Satzstellung	*Am Straßenrand eine seltene Pflanze ich sah.*
Ironie: versteckter Spott, gemeint ist das Gegenteil von dem, was geschrieben bzw. gesagt wird	*Du bist mir ja ein Superhirn!* (anstatt: *Das war dämlich von dir.*)

Stilmittel	Beispiel
Klimax: (meist dreischrittige) Steigerung	*Sie kicherten, lachten, grölten.*
Lautmalerei: Nachahmung eines (Natur-)Lautes	*Klingeling, Kikeriki, Ticktack*
Litotes: Bejahung durch doppelte Verneinung	*Die Schüler sind nicht unwillig.*
Metapher: bildhafter Ausdruck mit übertragener Bedeutung, Vergleich ohne Vergleichspartikel	*Du bist die Sonne meines Lebens. Dein Haar ist flüssiges Gold. Wir stehen am Fuß des Berges.*
Metonymie: Verwendung eines Ausdrucks in übertragener Bedeutung (Gesagtes und Gemeintes stammen aus demselben Wirklichkeitsbereich)	*Deutschland jubelt, Kafka lesen, eine Tasse trinken*
Neologismus: Wortneuschöpfung	*Himmelsengelsstimme*
Oxymoron: Kombination aus Wörtern, die sich widersprechen	*bittersüß, alter Knabe, Hallenfreibad, Eile mit Weile*
Paradoxon: inhaltlich unlogische und widersinnige Aussage, meist in Form eines ganzen Satzes	*Der Schmerz des Verlusts erfüllte sein Herz mit Freude.*
Parallelismus: aufeinanderfolgende Sätze oder Satzteile mit gleichem Satzbau	*Nina traf Nils im Park. Max besuchte Tatjana im Café.*
Parenthese: Einschub	*Dieses Buch – ich möchte ehrlich sein – hat mir nicht gefallen.*
Periphrase: Umschreibung eines Begriffs	*„der Gefallene“* für *„Sünder“*
Personifikation: Gegenständen oder abstrakten Begriffen werden menschliche Fähigkeiten / Eigenschaften zugeschrieben	*Der Wind spielte mit ihrem Haar und streichelte ihre Wange.*
Pleonasmus: Häufung sinngleicher Wörter	*Sie ist brav, nett, lieb.*
Polysyndeton: Verbindung zwischen Wörtern und Satzteilen durch mehrmalige Wiederholung derselben Konjunktion	*Und es wallet und siedet und brauset und zischt.*
Rhetorische Frage: Scheinfrage, erwartet keine Antwort	*Wer hat noch nie einen Fehler gemacht? Hast du vollkommen den Verstand verloren?*
Symbol: Sinnbild, das für Abstraktes steht	*rote Rose* (für Liebe), *weiße Taube* (für Frieden)
Synästhesie: Vermischung von Sinnesgebieten	*goldene Töne*
Synekdoche: Ein Teil steht für das Ganze (auch Pars pro toto) oder das Ganze steht für einen Teil (auch Totum pro parte).	*ein Dach über dem Kopf haben, eine Bibliothek lesen*
Vergleich: bildhafter Ausdruck, durch Vergleichswort (*wie, als*) mit Gemeintem verknüpft	*Sie ist leicht wie eine Feder, er ist schwer wie ein Elefant.*